지구촌 아름다운 거래 탐구생활

지구촌 아름다운 거래 탐구생활

초판 1쇄 발행 2016년 1월 1일
개정판 1쇄 발행 2023년 11월 20일 \개정판 2쇄 발행 2025년 5월 10일
글쓴이 한수정 \그린이 하완

펴낸이 이영선
책임편집 김문정
편집 이일규 김선정 김문정 김종훈 이민재 이현정
디자인 김회량 위수연
독자본부 김일신 손미경 정혜영 김연수 김민수 박정래 김인환
펴낸곳 파란자전거 **출판등록** 1999년 9월 17일(제406-2005-000048호)
주소 경기도 파주시 광인사길 217(파주출판도시) **전화** (031)955-7470 **팩스** (031)955-7469
홈페이지 www.paja.co.kr **이메일** booksea21@hanmail.net

ⓒ 한수정·하완, 2016
ISBN 979-11-86075-55-5 73330

이 도서의 국립중앙도서관 출판예정도서목록(CIP)은 서지정보유통지원시스템 홈페이지(http://seoji.nl.go.kr)와
국가자료공동목록시스템(http://www.nl.go.kr/kolisnet)에서 이용하실 수 있습니다.(CIP제어번호: CIP2015033548)

파란자전거는 도서출판 서해문집의 어린이 책 브랜드입니다. 페달을 밟아야 똑바로 나아가는 자전거처럼
파란자전거는 어린이와 청소년이 혼자 힘으로도 바르게 설 수 있도록 도와줍니다.

어린이제품안전특별법에 의한 제품 표시
제조자명 파란자전거 **제조국** 대한민국 **사용연령** 11세 이상 어린이 제품
▲ **주의** 책의 모서리가 날카로우니 던지거나 떨어뜨려 다치지 않도록 주의하세요.
KC 마크는 이 제품이 공통안전기준에 적합하였음을 의미합니다.

착한 사회를 위한 **공정무역 이야기**

지구촌 아름다운 거래 탐구생활

한수정 글 | 하완 그림

파란자전거

| 글쓴이의 말 |

나눔을 실천하는 아름다운 거래
공정무역 이야기

여러분은 공정무역이라는 말을 들어 본 적이 있나요? 공정한 무역이라니, 그렇다면 불공정한 무역도 있다는 이야기인가? 맞아요. 여러분은 우리가 사는 사회를 시장경제의 자본주의 사회라고 한다는 것을 다 아실 거예요. 자본주의 사회는 선의의 경쟁을 통해 개인과 국가의 발전을 이끌기도 하지만, 경쟁에서 낙오한 사회적 약자를 보호하지 못하는 단점도 있어요.

예를 들어 가난한 나라의 농민에게 정당한 대가를 주지 않고 싸게 농산물을 사서, 그것을 가공해 세계시장에 비싸게 내다 파는 기업들이 있지요. 그들의 과도한 경쟁 때문에 지금 아프리카, 아시아, 남아메리카 등지의 저개발 국가의 농민들은 큰 고통을 당하고 있어요. 이것이 바로 불공정한 무역이에요.

그래서 잘못된 것을 바꾸려는 뜻있는 이들이 가난한 농부의 편에 서서 정당한 무역을 하자는 운동을 벌이기 시작했어요. 말로만 그런 것이 아니고, 이들은 실제로 제값으로 제품을 사 와 판매까지 하면서 정의로운 비즈니스가 가능하다는 것을 보여 주기도 했어요. 그것이 바로 '공정무역'이에요. 공정무역은 저개발 국가의 농민과 노동자들이 인간다운 삶을 살 수 있도록 돕고 협력하는 착한 무역이죠.

가난한 농부들이 공정무역에 참여하면, 그들의 삶에 큰 변화가 찾아와요. 그리고 그들이 만든 공정무역 제품은 선진국 소비자들의 착한 소비를 도와줍니다.

이 책은 지난 8년간 공정무역 활동에 참여한 저 자신이 배운 것, 그리고 다양한 사람과 만나 발표하고 토론한 내용을 정리한 것이에요. 독자 여러분들 중에도 어디선가 비슷한 이야기를 들어 봤을 수도 있고, 또는 TV나 인터넷에서 짧게나마 본 적이 있을 거예요. 그렇다면 이 책을 통해서 조금 더 구체적인 사례들을 접하면서, 지구촌의 경제문제와 그 역사적 배경까지 이해할 수 있는 계기가 될 거예요. 우리의 삶 주변에서 공정한 소비 생활을 실천할 수 있는 자신감과 아름다운 마음도 함께 얻는 계기가 되길 바랍니다.

2015년 12월
한 수 정

차 례

글쓴이의 말 ... 6

1장 열심히 일해도 왜 가난할까요?

1. 어린이가 노동을?
나이키 축구공을 꿰매는 아이들 ... 14
갈 곳이 없는 어린이들 ... 17
세상을 더 넓게 보는 눈이 필요할 때 ... 20
전쟁만큼 무서운 빈부 격차 ... 21
조금씩 천천히 바꿔 나가는 노력 ... 23
아프리카 농부 아저씨의 행복 ... 24
공정무역은 왜 필요할까요? ... 28

2. 교류와 무역이 만든 세계사
지구촌의 인류는 한 뿌리에서 출발 ... 30
역사시대의 시작 ... 31
서로 가까워지는 세계 ... 33
칭기즈칸의 등장과 급변하는 세계사, 무역의 등장 ... 34
동양과 서양을 이어 준 십자군전쟁 ... 35
장사에 눈을 뜬 유럽인 ... 36
종교의 시대에서 상업의 시대로 ... 38
르네상스와 유럽의 발전 ... 38
콜럼버스와 신대륙의 발견 ... 40
아프리카의 노예사냥 ... 41
산업혁명과 제국주의 시대 ... 43

3. 저개발 국가의 현실
지구촌의 숙제, 남북 갈등 ... 45
가난한 나라들의 비극 ... 46
부자 나라의 이익을 지키는 세계 기구들 ... 47
가난한 사람을 더 가난하게 만드는 무역 ... 49
더 나은 미래를 위해 나서야 할 때 ... 52

착한 사회 첫걸음
가난한 것은 내 잘못이 아니에요! 54

2장 착한 소비가 지구를 살려요

1. 왜 공정무역이 필요할까요?
심각해지는 세계경제의 양극화 현상 58
가난한 나라에서 산다는 것 59
원조보다는 자립 60

2. 공정무역이 걸어온 공정한 길
피로 단맛을 낸 음료를 거부하다 65
60년간 발전해 온 공정무역의 역사 66
생산자의 편이 되어 주는 공정무역 68
공정무역 인증 마크의 효과 71
공정무역은 엄격한 기준을 지켜요 74
앞으로 가야 할 길 76

3. 세상을 바꾸는 공정무역
농부의 든든한 친구 78
공정무역의 놀라운 비밀 81
시골 농부 아저씨의 고민 83
중간상인의 농간 85
이제는 속지 않아요 87
작은 용기가 세상을 바꿔요 88
값진 승리의 경험 93
더 나은 삶을 위해 94

4. 우리나라의 공정무역
한국에도 공정무역이? 96
공정무역의 문을 연 '아름다운가게' 97
아시아에서 존경받는 착한 나라 99
기업의 참여가 꼭 필요해요 101

착한 사회 첫걸음
공정무역은 어떻게 농부들을 도울까요? 104

3장 공정무역 '짱'이네요!

1. 첫 번째 원칙, 대화

공정무역의 원칙이란? 108
대화란 이해하려는 태도와 노력 110
상대의 편이 되어 주는 것 111
대화의 시작은 차이를 인정하는 것 115

2. 두 번째 원칙, 투명성

누가 봐도 깨끗하게 117
강자가 약자의 편에 서는 것 119
정보 공개의 원칙을 지켜요 120
항상 투명성을 점검하는 것도 잊지 않아요 121

3. 세 번째 원칙, 존중

전통과 문화를 무시하지 않아요 123
나만 옳은 법은 없어요 124
동반자 정신이 필요해요 128
동정하거나 무시하지 않아요 129
어려움은 함께 나눠요 131

4. 네 번째 원칙, 권리 보호와 지속 가능한 발전

필리핀에서 일어난 비극 134
가난한 노동자의 권리도 보호해요 136
미국의 착한 커피 아저씨 138
지속 가능한 발전이란? 139
아직은 갈 길이 멀어요 140
볼리비아 농민의 곤란한 상황 142

착한 사회 첫걸음
히말라야의 아이들을 만나다 144

4장 내 책가방 속의 공정무역

1. 카카오 농장과 초콜릿
- 공정무역은 가까이에 있어요 … 148
- 피와 눈물로 만든 초콜릿 … 150
- 너무나도 힘든 카카오 농사 … 152
- 다국적기업의 횡포 … 154
- 카카오 농부들에게 꼭 필요한 공정무역 … 158
- 공정무역 초콜릿인지 확인해 봐요 … 160

2. 검은 황금, 커피
- 세계인의 사랑을 받는 커피 … 163
- 커피 농장의 안타까운 현실 … 164
- 공정무역 커피의 등장 … 166
- 착한 소비란 '얼굴 있는 거래' … 166

3. 평화로운 땅을 지옥으로 만든 설탕
- 설탕에 한이 맺힌 유럽인 … 169
- 설탕의 재료는 사탕수수 … 170
- 가난한 나라에서 만들어 부자 나라에서 먹어요 … 171
- 오르락내리락하는 가격이 농부를 울려요 … 173
- 땅을 빼앗는 사람들 … 174
- 공정무역이 정말로 필요해요 … 175

4. 맛있는 바나나에 어린 땀방울
- 기적의 올림픽 … 178
- 유통이 더 어려운 바나나 … 179
- 대기업을 바꾼 소비자의 힘 … 180
- 공정무역 여고생 언니 … 181

5. 눈물로 얼룩진 하얀 황금, 면화
- 간디의 물레 … 185
- 도를 넘는 기업의 이윤 추구 … 186
- 포기할 수 없는 농부들 … 188
- 고된 노역으로 만든 옷 한 벌 … 189
- 라나플라자의 참사 … 191
- 팔을 걷어붙인 엠마 왓슨 … 191
- 아껴 쓰고 아껴 입는 것도 중요해요 … 194

착한 사회 첫걸음
공정무역으로 나눔을 실천해요! 196

어린이가 노동을?

교류와 무역이 만든 세계사

저개발 국가의 현실

제1장

열심히 일해도 왜 가난 할까요?

지금 이 순간에도 수없이 많은 어린이들이 굶어 죽어 가고 있어요. 바로 우리가 사는 지구촌의 이야기예요. 가난에서 벗어나려고 하루 16시간씩 힘들게 일해도 삶은 나아지지 않죠. 불공정한 무역으로 빈부 격차가 더 심해지는 세상, 과연 이대로 괜찮을까요?

나이키 축구공을 꿰매는 아이들

벌써 20년 전의 일입니다. 미국의 한 유명한 잡지에 실린 기사 하나가 세상을 깜짝 놀라게 했어요. 남아시아에 있는 파키스탄이라는 나라의 지방 도시에서 노예처럼 노동에 시달리는 어린이들을 취재한 기사였어요.

당시만 해도 아프리카나 아시아 등지에서 어린이들이 노예처럼 일한다는 사실이 소문으로만 나돌았을 뿐 어느 정도 심각한지는 잘 몰랐어요. 그런데 그 잡지에 실린 현장의 모습은 너무나 끔찍했지요. 사진에 등장한 열두 살짜리 소년은 나이키 상표가 선명한 축구공의 가죽을 깁고 있었어요. 우리로 치면 초등학교 5학년 남자아이가 동굴같이 좁고 더러운 공장에서 큰 바늘을 손에 쥔 채 축구공을 이리저리 돌려 가며 두꺼운 가죽을 꿰매고 있

> **이윤**
>
> 기업이 벌어들인 전체 수입에서 그 돈을 벌기 위해 쓴 모든 비용을 제하고 남은 돈을 이윤이라고 해요. 노동한 사람이 가져가는 임금, 물류 비용, 에너지와 토지 사용 비용, 이자 등을 빼고 남은 몫이 이윤이 된답니다. 비슷한 말로, '수익', '이익'이라고도 하지요.

었어요. 그 장면은 너무나 어둡고 불쌍했어요.

도대체 왜 한창 뛰놀면서 공부해야 하는 어린이가 축구공을 만드는 공장에서 바느질하고 있었던 것일까요. 바로 기업의 이윤* 때문이에요. 어린이는 어른보다 품삯이 싸니까 축구공 하나를 만들 때마다 들어가는 생산 비용이 내려가게 돼요. 그걸 시장에 내다 팔면 기업의 이윤은 훨씬 늘어나게 되고요. 세계 스포츠 산업의 선두 주자인 나이키가 이런 일을 벌인다는 사실이 알려지자 미국과 유럽의 소비자들은 큰 충격에 빠졌어요.

기사가 나가자마자 서구 선진국의 소비자들은 나이키의 비윤리적 생산 활동을 비난하며 대규모 불매운동을 벌이기 시작했어요. 이 소식은 우리나라에도 전해져 당시엔 나이키 운동화를 신고 다니면 눈치가 보일 정도였죠.

큰 위기에 빠진 나이키는 곧 사과하고 개선 계획을 발표했어요. 파키스탄뿐만 아니라 나이키 제조 공장들이 있는 저개발 국가의 현지에서 조사를 벌여, 문제가 있는 부분은 고쳐 나가겠다고 말했어요. 그러고는 실제로 얼마 지나지 않아 나이키 제품을 만드는 공장에서 어린이의 모습은 찾아볼 수 없게 되었어요.

그런데 몇 달이 지났을까요? 그 사건이 서서히 잊힐 무렵, 저는 한 일간지의 토막 기사를 보고 그만 눈을 감을 수밖에 없었어요.

갈 곳이 없는 어린이들

나이키가 기업의 윤리 기준을 재정비하고 제조 공장마다 어린이 대신 어른들을 채용하면서 어린이의 노예노동은 사라진 듯 보였어요. 그러나 그 어린이들이 나이키 공장에서 쫓겨나면 생계가 막막해진다는 냉혹한 현실은 아무도 몰랐어요.

하루아침에 일자리를 잃은 어린이들은 마약상의 심부름꾼이 되거나 성범죄가 횡횡하는 뒷골목에서 구걸하는 신세가 되었어요. 간혹 일자리를 얻어도, 나이키 공장보다 더 열악한 환경에서 중노동에 시달려야 했어요.

아주 운이 좋은 아이들은 일자리를 찾은 부모가 벌어 오는 돈으로 학교에 갈 수도 있었지만, 대다수 어린이 노동자들은 당장 입에 풀칠할 돈을 벌지 않으면 안 되는 어려운 처지였어요. 그래서 이 지역 사람들은 한숨을 쉬며 '나이키 같은 일자리라도 있었으면' 하고 바랐어요. 불매운동에 나선 사람들이 원한 것은 확실히 이런 결과가 아니었을 거예요.

예전처럼 한 나라 안에서 제품의 생산과 소비가 이루어질 때는 기업이 못된 짓을 하면, 불매운동을 벌여 기업을 혼내 주고 잘못된 일을 바로잡기가 그리 어렵지 않았어요. 어떤 식품 회사가 식용 기름 대신 공업용 기름을 사용하다가 걸리면, 소비자단체가 불매운동을 벌여 아예 기업의 문을 닫게 하거나, 다시는 그런 짓을 안 한다는 약속을 받아 낼 수 있었죠.

그러나 우리와 아주 멀리 떨어진 곳에서 일어나는 잘못된 일을 바로잡

는다는 것은 상당히 다른 차원의 일이에요. 그리고 그 상대는 정말로 힘이 센 거대 다국적기업인 경우가 대부분이고요.

이런 기업은 인건비가 더 저렴한 곳으로 언제든지 생산 공장을 옮기고는, 당당하게 '우리는 이 나라의 최저임금을 보장한다.'고 말하기도 해요. 원재료를 납품 받는 과정에서 문제가 될 만한 일은, 아예 다른 작은 회사에 맡겨서 '우리와는 상관없는 일'이라고 자신 있게 말하죠.

예를 하나 들어 볼게요. 우리가 너무나 좋아하는 초콜릿은 열대 과일인 카카오를 주재료로 해서 만들어요. 카카오는 열대지방에서만 자라는 식물이에요. 아프리카와 중남미가 주요 산지죠. 이 카카오를 재배하고 수확하는 데에는 실제로 많은 어린이가 동원돼요.

인건비가 싸니까 농장주들이 어린이를 고용하는 거예요. 그런데 초콜릿을 만들어 파는 세계적인 제과 회사에서는 자신들은 모르는 일이라고 해요. 제과 회사에서 카카오를 직접 사는 것이 아니라 중간에 카카오를 가공해 파는 또 다른 회사가 끼어 있기 때문이죠. 이런 핑계로 거대 기업은 책임을 모두 작은 회사에 쉽게 떠넘겨요.

그렇다면 어린이의 중노동으로 만든 초콜릿이니, 우리가 다 같이 사 먹지 않으면 어린이의 노동이 없어질까요? 아니랍니다. 나이키 공장에서 벌어진 일처럼, 아프리카의 어린이들은 삶이 훨씬 더 고달파질지도 몰라요.

세상을 더 넓게 보는 눈이 필요할 때

함께 생각해 봅시다. 윤리 기준을 지키겠다며 어린이들을 아무 대책 없이 일자리에서 쫓아낸 나이키가 나쁜 것일까요? 아니면, 근본적인 문제 해결 방안도 없이 그저 군중심리를 이용해 불매운동을 벌인 소비자단체들이 문제일까요?

가난하고 못사는 나라에서 일어나는 여러 사정은 매우 복잡해요. 어린이가 노동하지 않으면 당장 굶어 죽을 수도 있어요. 실제로 지금 이 순간에도 지구촌 곳곳엔 우리나라 인구의 두 배에 가까운 약 1억 명의 어린이들이 먹을 것이 없어서 목숨이 위태로운 지경에 내몰려 있어요.

현대사회에선 누군가의 선한 의도가 선한 결과를 만들기가 참으로 어려워요. 이 세상이 하나의 거대한 유기체처럼 서로 밀접하고 복잡하게 연관되어 있기 때문이에요. 그것을 어려운 말로 '구조'라고 합니다. 사회구조, 경제구조와 같은 말을 들어 보았을 거예요. 그 구조는 오랜 세월에 걸쳐 만들어진 데다, 너무나 많은 개인이 마치 하나의 세포처럼 자신의 임무를 수행하고 있기 때문에 한 개인이 그 구조를 바꾼다는 것은 매우 어려워요. 이는 누군가 결석을 해도 아무 일 없이 수업은 계속되는 이치와 같아요.

그렇다면 이대로 손을 놓고 아무것도 하지 않아야 할까요? 그렇지 않아요. 지금도 세계 곳곳에서 우리 사회를 조금 더 나은 곳으로, 조금 더 많은 사람이 행복해질 수 있는 곳으로 바꿔 가고자 노력하는 사람들이 있으니까요.

전쟁만큼 무서운 빈부 격차

우리는 세계 곳곳에서 일어나는 크고 작은 문제들을 하나씩 해결하며 더 나은 세상을 만들어 가야 해요. 분명히 그 주인공은 바로 이 책을 읽고 있는 여러분이 될 것이고요. 그렇다면 여러분이 해결해야 할 문제는 어떤 것이 있을까요?

지구온난화에 따른 기후 변화와 자연재해를 먼저 손꼽아요. 전 세계를 팬데믹으로 몰아넣은 코로나19와 같은 전염병과 질병도 큰 골칫거리예요. 그리고 경제문제도 반드시 해결해야 할 일이에요. 경제문제 중에서도 한 나라 안에서의 빈부 격차, 잘사는 나라와 못사는 나라 사이의 빈부 격차는 정말 심각한 문제랍니다.

우리가 잘 알고 있듯이, 어떤 나라의 어린이들은 밥맛이 없다며 아이스크림을 사 달라 조르고, 어떤 나라의 어린이들은 하루 한 끼도 먹기 어려워 매일 죽음의 문턱을 넘나들고 있어요. 어떤 나라에는 애완견의 비만을 치료해 주는 전문 병원이 있는가 하면, 어떤 나라의 어린이들은 아주 기초적인 항생제가 없어 감기 같은 병에도 목숨이 위태롭기까지 해요.

자기가 처한 형편에서 각자 최선을 다하지만, 그 노력의 결실이 생활을 꾸려 나가기에 충분치 않고, 사회의 가난한 구성원에게 골고루 돌아가지 않고 있어요. 이렇게 개인의 노력으로 해결될 수 없는 문제라면, 앞에서 말한 것처럼 '구조'의 문제를 살펴볼 필요가 있어요.

지금의 세계가 사용하고 있는 기본 구조는 '자본주의'라고 불러요. 그리고 그 운영을 위해 시장경제 시스템을 사용하고 있어요. 시장경제 시스템에서는 경쟁을 통해 기업의 효율성을 높여 이윤을 극대화하는 것을 목적으로 삼아요. 이것이 꼭 나쁜 것은 아니에요. 열심히 일해 삶을 더 풍요롭게 한다는 생각은 자연스러운 현상이니까요.

그런데 기업이 이윤을 너무 쉽게 만들려고 해서 문제예요. 이윤을 높이기 위해 싸게 만들어서 비싸게 파는 방법을 선택해요. 그래서 노동자의 임금은 낮추려 하고, 물건값은 올리려 하죠. 기술 개발을 위한 장기적인 연구나 일하는 사람들의 교육 훈련 등에도 투자해야 하는데, 짧은 기간에 이윤을 내는 일에 더 골몰하고 있죠. 게다가 뭐 하나 잘 팔리는 상품이 개발되면, 여러 회사에서 같은 종류의 물건을 만들어 서로 경쟁하고요. 경쟁은 누군가를 밟고 일어서야 하는 일이고, 여기서 뒤처진 사람들은 다시 일어서기가 점점 어려워지고 있어요.

조금씩 천천히 바꿔 나가는 노력

인류는 현명합니다. 아니, 현명해야만 하죠. 그렇지 않다면 여러분의 미래는 지금보다 훨씬 더 불행하거나, 어쩌면 어른이 되어 엄청나게 고생을 해야 할지 모르니까요. 다행한 점은 지금 세계 곳곳에서 자본주의 경제구조에 문제가 많다는 점을 잘 알고, 이를 고쳐 나가고자 노력하는 사람들이 많다는 거예요.

약자와 가난한 자의 편에 서서 인권을 보호하려는 사람들, 오로지 이윤만을 생각해 환경을 파괴하려는 거대 기업과 싸우는 사람들, 전쟁을 반대하고 평화를 위해 노력하는 사람들이 각 분야에서 활발하게 활동하고 있죠. 참 고마운 사람들입니다.

그런 노력 중 하나가 바로 '공정무역 운동'이에요. 공정무역은 국가와 지역, 계층과 계층의 빈부 격차를 해소하고, 이윤이 최종 목적이 아니라 열심히 일한 사람이 더 많은 행복을 가져가도록 시장경제의 문제, 특히 무역의 문제를 조금이나마 바꿔 보려는 시도라고 할 수 있어요.

공정무역으로 세상이 더 나빠지는 것을 막을 수 있을까요? 앞으로 이 책에서 보여 줄 공정무역의 역사와 공정무역으로 혜택을 받은 생산자들의 생생한 이야기를 들어 보면, 작지만 희망이 있음을 알 수 있어요. 공정무역은 온갖 문제가 발생하는 자본주의 '경제구조'의 단점을 보완하고 고칠 수 있는 좋은 방법 중 하나임이 틀림없으니까요.

말 그대로 '공정하다'는 것은 서로 속이지 않는다는 거예요. 이윤 창출만 생각하는 기업은 어린이를 고용해 싼 임금을 주면서 물건을 만들어 비싸게 내다 팔아요. 그러나 공정무역은 어린이의 노동에 반대할 뿐만 아니라, 어른들을 고용해 그 가족이 충분히 살아갈 수 있도록 기업이 얻은 이윤을 노동자에게 돌려줍니다.

아프리카 농부 아저씨의 행복

무슨 말인지 잘 모르겠다고요? 예를 하나 들어 볼게요.

아프리카의 카카오 농장에서 일하는 농부를 상상해 보세요. 이 아저씨는 가족과 함께 행복하게 살려고 아주 열심히 일해요. 어느 날, 아저씨는 그동안 거래해 오던 자유무역이 아닌 공정무역을 알게 되었지요.

자유무역을 할 때는 외국의 큰 회사에서 사람이 와서 어느 해는 카카오 값을 잘 쳐주는 것 같더니, 어느 해에는 공급이 너무 많다며 헐값만 주고 카카오를 가져가곤 했어요. 아저씨는 값을 더 쳐 달라고 하고 싶었지만, 큰 회사에서 카카오를 안 사 주면 어떡하나 하는 걱정에 그런 말을 꺼내지도 못했어요.

콕, 짚고 넘어가요!

저개발 국가와 개발도상국은 어떻게 달라요?

사실은 같은 말이랍니다. 저개발 국가는 후진국을 이르는 말이기도 하지요. 정확하게 말하면 20세기에 들어와 식민지 상태에서 독립한 신흥 독립국이거나, 그와 비슷하게 제국주의 국가에 희생당한 나라 중에 경제적으로 가난한 나라들이 여기에 해당해요. 개발도상국이란 용어는 1971년에 '후진국'이라는 말 대신 긍정적인 의미를 부여하고자 국제사회가 새롭게 만든 용어예요.

저개발 국가의 특징은 다음의 세 가지랍니다. ① 식민지 시절을 겪으며 농산물의 생산국이자 수출국이 되어 현재에도 불이익을 받는 나라 ② 따라서 선진국에 경제적, 문화적 의존도가 높은 나라 ③ 국내의 정치 상황이 불안하고 기아, 난민, 빈부 격차 등 사회문제를 스스로 해결하지 못하는 나라.

그러나 공정무역 거래에 참여하고 나서는 제값을 받고 카카오를 팔 수 있었어요. 공정무역 단체는 이 카카오를 가져다 초콜릿으로 만들어 시장에 내다 팔아요. 그게 많이 팔려 생각보다 돈을 많이 벌면, 그 이익을 다시 농부 아저씨와 함께 나누지요.

아저씨는 신이 납니다. 신이 나서 일을 하니, 카카오의 품질은 좋아지겠죠. 품질 좋은 카카오로 만든 초콜릿은 맛이 있으니 시장에서 더 잘 팔린답니다. 한 해 한 해 그렇게 해서 번 돈을 다시 농부에게 되돌려 주면, 농

부 아저씨와 농부 아저씨의 마을은 더 잘살게 되겠죠.

이제 이 마을은 그렇게 번 돈으로 학교를 세우고 병원을 지어요. 농부의 아이들은 농장에서 중노동을 하는 대신 학교에서 공부할 수 있게 되죠. 그 어린이가 자라면 부모보다 더 똑똑한 농부가 되거나 교사가 되거나 기술자가 됩니다.

태어나자마자 굶어 죽을지도 모르던 저개발 국가의 어린이가, 그런 걱정 없이 해맑게 자라나 지역사회에 필요한 사람이 되는 것만으로도 빈부 격차는 아주 조금 사라질 거예요. 이것이 바로 공정무역이 하려는 일이랍니다.

공정무역은 왜 필요할까요?

눈치가 빠른 학생은 벌써 알고 있겠지만, 공정무역에서 다루는 품목은 주로 가난한 나라에서 생산하는 농작물이 많아요. 그래서 공정무역을 간단하게 설명하면 가난한 나라의 농작물을 제값에 사서 잘사는 나라의 소비자에게 팔고, 그 이윤을 다시 가난한 나라의 농부들에게 돌려주는 '생산자 보호 운동'이라고 할 수 있죠.

그러면 공정무역에서 다루는 대표적인 농작물엔 어떤 것이 있을까요? 바로 커피, 카카오, 사탕수수, 면화, 바나나 등이에요. 이들 농작물은 생산지에서 소비되는 양이 매우 적어요. 대부분 다국적기업에서 원료를 사다가 가공해 제품으로 만든 뒤, 잘사는 나라 사람들에게 판매하는 품목이에요.

혹시 우리나라에 커피 농장이 있다는 소리를 들어 본 적이 있나요? 관상용으로 기르는 사람은 있어도 커피 열매를 팔기 위해 기르는 사람은 없어요. 우리나라는 커피가 자라기 어려운 기후이기 때문이에요. 초콜릿의 원료인 카카오도 자라지 않지요. 이 작물들은 열대성 기후에서만 자라니까요. 그런데도 우리나라의 도심 거리에 커피 가게가 없는 곳은 없어요. 또 초콜릿을 팔지 않는 마트를 본 적도 없고요.

우리나라뿐만이겠습니까. 일본, 미국, 영국, 프랑스, 독일, 중국 등등 세계 각 나라 사람들이 매일 커피와 초콜릿을 엄청나게 사서 먹어요. 그런데 이렇게 잘 팔리는 제품의 원료를 재배하는 아프리카나 라틴아메리카의 농부들은 왜 가난할까요? 오히려 세계에서 가장 부자 농부가 되어야 하는 것 아닐까요? 지금부터 그 궁금증을 하나씩 풀어 보기로 해요. 그러다 보면 공정무역이 왜 필요한지도 자연스럽게 알게 될 거예요.

교류와 무역이 만든 세계사

지구촌의 인류는 한 뿌리에서 출발

혹시 지구본을 본 적이 있나요? 지구본이 아니더라도 평평한 세계지도는 누구나 한 번은 보았을 거예요. 우리나라가 있는 아시아 대륙이 제일 크고, 그 왼쪽으로 유럽이 있어요. 유럽 아래쪽의 지중해를 건너면 아프리카 대륙이 있어요. 그리고 그 아프리카 대륙에서 더 왼쪽으로 가면 대서양이 나와요. 대서양을 다 건너가면 미국이 있는 북아메리카와 축구를 잘하는 브라질과 아르헨티나가 있는 남아메리카가 있습니다. 아, 참 아시아의 아래쪽, 태평양과 인도양 사이에 캥거루가 사는 엄청나게 큰 섬인 호주가 있고요.

이 모든 대륙에 처음부터 사람이 살았을까요? 약 10만 년 전, 아프리카의 초원 지대에서 살던 인류의 조상들이 모험을 하지 않았다면, 오늘날과 같이 다양한 인종의 사람은 없었을 거예요. 그때는 지구의 기후가 지금과는 조금 달랐어요. 아프리카 사하라사막의 일부는 숲과 벌판이어서 풍요로운 땅이었고, 한국과 중국 사이에 있는 서해는 바다가 아니라 걸어 다닐 수 있는 육지였어요. 러시아의 동북쪽 끝과 북아메리카의 알래스카는 얼음으로 뒤덮여 있어 사람이 걸어갈 수 있었고요.

아프리카에서 유럽으로, 유럽에서 아시아로, 아시아에서 아메리카로 인류의 선조들은 긴 여행을 시작했어요. 목적지를 두고 출발한 여행은 아니었지만, 더 살기 좋은 곳을 찾아 조금씩 조금씩 옮겨 간 거예요. 수만 년에 걸쳐 아주아주 오랜 세월이 걸렸어요. 아메리카의 원주민은 아기 때 여러분과 같이 엉덩이에 파란 점을 지니고 태어난답니다. 그들이 아주 오래전에 아시아에서 건너간 사람들이라는 증거예요.

역사시대의 시작

그렇게 각 대륙으로 흩어진 인류는 저마다 문명을 발전시킵니다. 구석기시대에서 신석기시대로 발전한 인류는 청동기시대에서 철기시대로 나아갔죠. 그러고는 역사시대를 맞이합니다.

약 5천 년 전쯤, 나일강 하류의 이집트와 중국의 황허강 일대에 고대 문

'비단길'이라고 일컫는 실크로드는 무역을 통해 고대 중국과 서역의 정치·경제·문화를 이어 준 교통로였어요.

명이 싹을 틔웁니다. 각 대륙에서는 저마다 독특한 문명을 발전시키면서 여러 왕조가 등장하게 돼요. 그러고는 기원전 200년경 아시아에서는 진시황이 중국을 통일해 제국을 건설하고, 유럽에서는 그사이 로마가 유럽과 중동 지역을 흡수해 거대한 로마제국을 건설해요.

상대적으로 아프리카와 아메리카 대륙에서는 거대한 제국이 등장하지 않았어요. 아마도 농사보다는 수렵과 채집으로도 충분히 살 수 있는 기후 조건 때문이지 않았을까 합니다. 이에 대해 역사 전문가들의 의견도 여러 가지로 나뉘지만, 아시아와 유럽에선 일찍이 농사가 발달했고, 그에 따라 사회조직도 훨씬 더 발달하게 되죠.

서로 가까워지는 세계

우리 인류는 서로 다른 조건에서 살아가며, 각자의 지역에서 나름의 문명을 꾸리며 살아왔어요. 물론 아주 멀리 떨어진 중국과 로마제국 사이엔 적게나마 무역 활동을 통한 교류가 있기도 했어요. 여러분도 중국의 고비 사막에서 튀르키예의 이스탄불에 이르는 '실크로드' 이야기를 들어 본 적이 있을 거예요. 중국의 비단이나 도자기, 차(茶) 등은 유럽에서 아주아주 값진 물건이었어요. 그 먼 길을 오가는 동안 목숨을 걸어야 했지만, 아라비아 상인들에겐 충분한 값어치가 있는 일이었지요.

그렇게 12세기까지 유럽은 기독교 문화를 발전시키며 중국은 유교 문화를 발전시키며, 큰 변화나 충돌 없이 서로 다른 세계에서 각자의 모습으로 살았어요. 그러나 몽골에서 칭기즈칸(1162~1227)이 등장하면서 세계는 그동안 몰랐던 사람들이 만나고, 교류하며 급변하기 시작합니다.

칭기즈칸의 등장과 급변하는 세계사, 무역의 등장

당시의 몽골 지역은 여러 부족의 유목민이 흩어져 살던 광활한 땅이었어요. 칭기즈칸은 흩어져 있던 몽골의 여러 부족을 하나로 통합해 자신들을 괴롭히던 금나라(여진족)를 멸망시키고, 내친김에 중국의 송나라까지 집어삼켰어요. 아시아에 큰 변화가 찾아온 것이지요. 칭기즈칸의 몽골 군대는 유목민 출신답게 중국에 머무르지 않고 서쪽으로 계속 땅을 점령해 나갔어요.

칭기즈칸의 자식들과 조카들은 군대를 이끌고 계속 진군했어요. 그들이 간 곳은 어디까지일까요? 놀랍게도 말을 달려 유럽에 도착했어요. 그중 한 군대는 중앙아시아의 여러 부족을 무찌르고 이슬람 세력이 버티고 있던 지금의 이란, 이라크, 시리아 지역을 다 점령한 뒤에 예루살렘과 사우디아라비아 지역까지 침공해요.

그리고 또 한 군대는 러시아를 점령하고 헝가리와 불가리아를 점령한 뒤 독일군을 크게 무찌르죠. 일부 부대는 이탈리아까지 진출하기도 했어요. 그렇게 유럽 전체를 정복할 것 같던 몽골의 군대는 중국에서 칭기즈칸의 손자인 헌제가 죽었다는 소식을 듣고 철수하게 돼요. 유럽으로서는 천만다행한 일이었어요.

그런데 이 전쟁이 그 뒤로 세계의 역사를 크게 바꿔 놓았어요. 우선, 내륙국인 몽골은 무역이 필요한 나라였어요. 서쪽으로 군대를 보낸 것도 무역을 더 많이 하고 싶어서예요. 몽골이 중앙아시아를 점령하고 세운 나라들은 그 뒤로 실크로드의 무역을 발전시키며 문명의 교류에 기여하게 돼요.

동양과 서양을 이어 준 십자군전쟁

이제 또 하나의 역사적 사건, 십자군전쟁에 대해 잠깐 이야기할게요. 십자군전쟁은 몽골이 유럽을 침략하기 100년 전쯤 시작되었어요. 이 전쟁을 일으킨 이유는 참 이상해요.

당시 유럽은 교황이 지배하는 사회였어요. 봉건영주들은 교황에게 충성을 맹세하고 교황의 말에 잘 따라야 했지요. 그때까지만 해도 유럽은 오늘날처럼 프랑스, 영국, 독일과 같은 나라가 있었던 것이 아니라, 넓은 지역에서 결혼이나 계약 관계로 맺어진 영주들이 각자의 영지를 다스리던 때였어요. 따라서 가문끼리 서로 얽히고설켜 정치적으로 아주 복잡했답니다.

교황이 유럽을 다스리고는 있었지만, 교황에겐 실질적인 군사력이 없었어요. 그래서 교황은 말을 잘 듣지 않는 영주를 혼내 주려면, 더 힘이 센 영주에게 부탁해야 했어요. 이런 과정에서 부탁을 들어준 영주는 힘이 더 세지게 되고, 가끔 교황의 말을 듣지 않고 멋대로 다른 영지를 침략해 전쟁을 일으키곤 했어요. 골치를 앓던 한 교황이 드디어 꾀를 내요.

"이교도에게 빼앗긴 예루살렘 성지를 되찾자!" 전쟁을 좋아하는 유럽의 영주들과 기사들에게 밖으로 나가 싸울 이유를 만들어 준 거예요. 교황의 깃발 아래 교회를 위한 전쟁을 벌이면, 교황의 권위도 더 높아질 테니까요. 그렇게 해서 유럽에서 제일 전투를 잘한다는 영주와 기사들이 모여 '십자군'이라는 이름을 내걸고, 당시 이슬람이 지배하던 예루살렘으로 향했어요.

그런데 전쟁은 단순히 그런 이유만으로 일어나지는 않아요. 정치적인 명분 외에도 경제적인 이득이 있어야 해요. 그런 이유로 십자군 원정을 열심히 도운 사람들이 있었어요. 바로 이탈리아의 상인들이었죠. 이들은 지중해의 상권을 손에 쥐고 있던 부자들이었는데, 이번 원정에서 이슬람 세력이 장악하고 있던 실크로드의 무역권을 빼앗아 오고 싶어 했어요.

장사에 눈을 뜬 유럽인

어쨌거나 십자군전쟁은 100년 넘게 계속됐어요. 왜 그렇게 길게 전쟁을 했느냐고요? 처음에 원정을 갔던 군대는 그리 어렵지 않게 예루살렘을 함락할 수 있었어요. 십자군은 함락시킨 도시를 중심으로 '예루살렘 왕국'을 세우고 주변 곳곳에 거점 도시를 두어 통치하기 시작했어요.

그러자 이슬람 부족들도 가만히 당하고만 있지 않았어요. 이슬람 부족 전체가 뭉치기 시작했고, 힘이 세진 이슬람 군대가 예루살렘을 되찾아 왔어요. 그러자 이번엔 또 유럽에서 대규모 십자군을 모집해 쳐들어옵니다. 치열한 공방을 펼치다가 평화협정을 맺고 깨기를 반복하면서, 100년 동안 총 여덟 차례에 이르는 십자군 원정대가 소아시아와 이집트 등지에서 전쟁을 치렀어요.

십자군이 명분을 위해 싸우는 동안, 이 전쟁으로 가장 많이 이득을 본 사람들은 이탈리아 도시국가의 무역상들이에요. 전쟁 동안 이슬람 쪽에 있던 많은 문물이 유럽으로 건너왔어요. 천문학, 지리학, 철학, 의학, 수학 등등……. 기독교 세계관을 갖고 있던 유럽 사람들은 신선한 충격을 받게 되었죠.

게다가 실크로드를 통해 건너온 중국의 차와 인도의 향신료 등도 접하게 된답니다. 여기엔 고기와 함께 먹으면 누린내를 없애 주는 후추와 인도에서 사탕수수로 만든 설탕도 포함되어 있었어요. 이때 전해진 설탕 맛에 빠진 유럽인은 이 설탕 때문에 나중에 아주 끔찍한 일을 저지르게 된답니다.

종교의 시대에서 상업의 시대로

결국 십자군 원정은 실패했고, 교황의 권위는 추락했으며, 제후들은 교황의 그늘에서 벗어나 힘이 더 커졌어요. 그렇게 유럽 사회는 대변혁기를 준비하게 돼요.

또한 이슬람의 과학기술을 받아들인 유럽의 지식인과 예술가들은 이탈리아 상인들의 지원을 받으며 르네상스 시대를 열어 가요. 이탈리아의 상인들은 돈이 되는 것이라면 종교나 신념 따위를 문제 삼지 않고 받아들였어요. 과학도 마찬가지였지요. 오랜 세월 사용했던 로마숫자를 버리고 간단한 아라비아숫자를 사용하기 시작했어요. 로마숫자로는 이자를 따져 가며 소수점 아래까지 계산해야 하는 회계장부를 작성하기가 여간 복잡한 게 아니었으니까요. 무역을 하면 큰돈이 왔다 갔다 하는데, 숫자까지 간단해지니 거래가 활발해지는 것은 당연한 일이겠죠.

르네상스와 유럽의 발전

르네상스 이후 유럽은 변하기 시작했어요. 과학자와 수학자를 잘 대우해 주고, 장인과 기술자가 대접 받는 사회가 되었죠. 유럽은 인구는 많고 땅이 좁아서 농업만으로는 사회를 지탱하기 어려웠어요. 그러니 무역을 통

해 부를 축적해야 했죠.

무역하려면 배를 튼튼하게 만들어야 하고, 배를 멀리까지 보내려면 항해술도 익혀야 해요. 나침반을 발명한 것은 중국이에요. 그러나 이 나침반으로 세계를 정복한 것은 유럽 사람들이지요.

콜럼버스와 신대륙의 발견

르네상스를 겪고 무역을 통해 부를 축적하며 유럽이 새로운 도약을 맞이하려 할 때, 아주 골치 아픈 문제가 생겼어요. 바로 지중해를 두고 마주하고 있는 이슬람 세력이었죠. 이들은 튀르키예, 이집트, 시리아, 이란, 이라크 등 중동 지역을 모두 하나로 합쳐 오스만제국을 세웠어요. 오스만제국은 아프리카 북부 지역을 점령하고 그리스와 헝가리까지 진출했어요. 심지어 에스파냐의 반을 집어삼키기도 했죠. 그래서 지금도 에스파냐에는 이슬람 유적지가 많이 남아 있어요. 이렇게 이슬람 세력은 지중해 전체를 손에 넣은 대제국을 건설하게 됐어요.

이 때문에 유럽 상인의 동방 무역로가 사라져 버릴 위기에 처했어요. 돈을 안 벌어 봤으면 모를까, 이미 인도와 중국 등지에서 들여온 향신료와 여러 상품으로 돈을 벌어 온 유럽 상인들은 새로운 돌파구를 찾아야 했어요. 이때 혜성처럼 등장한 인물이 바로 콜럼버스예요. 콜럼버스(1451~1506)는 지구가 둥글다고 믿었기 때문에 서쪽으로 배를 몰고 가면 인도에 닿을 수 있다고 생각했죠. 그러나 콜럼버스가 닿은 곳은 아메리카 대륙이었어요.

콜럼버스의 신대륙 발견은 무역의 역사를 확 바꿔 놓았어요. 유럽 사람들은 아메리카에서 잉카문명과 아스테카문명을 이루며 살아오던 원주민을 군사력으로 제압하고, 금은보화를 마구 약탈했어요. 특히 멕시코 지역에서 대규모 은광이 발견돼 엄청난 양의 은이 유럽으로 흘러들어 오면서, 유럽은 큰 부자가 됐어요.

그러자 배를 더 만들고 군사력도 더 키워서 세계 곳곳에 식민지를 만들기 시작했어요. 어떨 때는 같은 땅을 놓고 자기 나라 식민지로 하겠다며 서로 싸우기도 해서, 교황이 나서 사이좋게 나눠 가지라고 명령하기도 했어요. 정당한 무역이 아니라, 남의 나라에서 훔쳐 온 값비싼 것들로 전 유럽은 들뜨기 시작했지요.

아프리카의 노예사냥

처음에는 금은보화만 약탈하던 유럽 사람들에게 새로운 돈벌이가 눈에 띄었어요. 바로 설탕의 원료인 사탕수수나 커피, 카카오 같은 이국적인 기호 식품이었어요. 유럽에서는 사탕수수를 기를 수 없으니, 아메리카 대륙에서 농사를 지어 그것으로 설탕을 만든 다음 배로 실어다가 유럽에 파는 것이 큰돈이 되었던 거예요.

그런데 농장을 지어서 농사를 짓다 보니 문제가 있었어요. 바로 일할 일꾼이 없는 거예요. 아메리카 대륙의 원주민은 인구도 적었던 데다가, 유럽의 침략 전쟁 때 많이 죽고 또 유럽인을 통해 들어온 병균 때문에 전염병에 걸려 많이 죽었기 때문이에요.

그러자 돈벌이에 눈이 먼 유럽인들은 이번엔 정말 나쁜 짓을 벌이게 돼요. 아프리카에서 사람을 잡아다가 배로 실어 와 농장에 가두고 노예로 일을 시킨 거예요. 유럽인들은 아프리카에서 수천만 명을 사냥해, 아메리카의 대농장으로 보냈어요. 그 과정에서 정말로 많은 사람이 죽었어요.

아프리카가 지금 저렇게 가난한 것도 따지고 보면, 이때 너무 많은 사람이 잡혀가거나 죽었고, 그 뒤를 이어 자기 나라를 발전시켜 나갈 인재를 키우지 못했기 때문이에요.

산업혁명과 제국주의 시대

부당한 방법을 써서 헐값에 물건을 들여온 유럽은 점점 부자가 되어 갔고, 그 돈으로 산업혁명을 일으켰어요. 세계는 그렇게 기술과 과학이 발달한 자본주의 시대를 맞이하게 됐어요. 자본주의 시대에 와서도 유럽 사람들의 탐욕은 끝이 없어 세계 각지에 식민지를 건설해 나갔어요.

중국도 영국에 굴복하고 말았죠. 유럽의 열강들은 경쟁하듯이 군사력을 키워 약한 나라를 침략해 식민지로 삼기 시작했어요. 이 시기를 제국주의 시대라고도 해요.

콕, 짚고 넘어가요!

끔찍한 노예사냥

도대체 몇 명의 노예가 아메리카 대륙으로 끌려갔을까요? 당시 노예선의 크기를 보면 배 한 척에 500명가량의 노예를 짐짝처럼 실어서 날랐다고 합니다. 좁은 배에서 쇠고랑을 찬 채, 화장실도 가지 못하고 자기가 누운 자리에 똥오줌을 싸면서 한 달 이상을 견뎌야 했어요. 병에 걸려 배에서 죽은 아프리카 원주민 수도 셀 수 없을 정도였다고 해요.

그렇게 350년간 유럽인은 아프리카에서 노예를 사냥해 아메리카 땅으로 보냈어요. 그 수만 해도 5천만 명 이상이라고 해요. 이렇게 끔찍한 방법으로 돈을 번 유럽은, 이 돈으로 18세기 산업혁명을 일으켜 제국주의 시대를 열게 되지요.

이후 인류는 많은 전쟁과 갈등을 겪게 돼요. 제국주의 시대를 거치면서 세상은 잘사는 북반구와 못사는 남반구로 서서히 나뉘게 됐어요. 적도에 걸쳐 있는 필리핀 같은 나라는 거의 400년간 다른 나라의 식민지였어요. 그것도 에스파냐, 미국, 일본이 순서대로 필리핀을 지배해 왔죠. 그동안 필리핀은 너무나도 많은 수탈을 당한 나머지, 지금도 매우 어렵게 살아가고 있답니다.

자본주의는 오로지 이윤만을 추구하는 구조이기 때문에, 결국 세계는 1, 2차 세계대전으로 갈등을 분출하게 됐어요. 이 두 전쟁 모두 경제문제 때문에 생긴 거예요.

콕, 짚고 넘어가요!

산업혁명이란 뭘까요?

18세기 후반에 유럽에서 일어난 사회 변화를 말해요. 단순히 증기기관이 발명되면서 생산기술이 발전한 것이라고 알고 있지만, 그로 인해 사회구조가 바뀐 것까지도 알아야 해요. 가내수공업에서 공장제 기계공업으로 발전하면서 대량생산이 가능해졌고, 이후 유럽은 농경사회에서 산업사회로 나아갔어요. 신대륙 발견 뒤에 유럽은 식민지 개척을 통해 막대한 부를 축적하게 되는데, 이는 인구 증가와 기술의 발달을 불러와 산업혁명의 밑거름이 된답니다.

저개발 국가의 현실

지구촌의 숙제, 남북 갈등

큰 전쟁이 끝나고도 세계는 여전히 잘사는 나라와 못사는 나라로 나뉘어 지금까지 계속되고 있어요. 아프리카와 아메리카, 그리고 동남아시아의 나라들은 제2차 세계대전이 끝나고 대부분 서구 열강으로부터 독립했지만, 여전히 경제적으로는 어려움을 겪고 있어요.

오랜 세월 식민지로 지내면서 경제를 발전시킬 힘을 다 빼앗겼기 때문이에요. 서구 열강이 이들 나라를 식민지로 삼아 오랫동안 커피, 카카오, 사탕수수, 면화와 같은 농사만 짓기를 강요했기 때문에 독립한 뒤에도 다른 농사를 지을 기술이 부족했어요. 그나마 이들이 기르는 농산물의 가격은 턱없이 낮아요. 거대 기업들이 자기들의 이윤을 최대화하기 위해, 제대로 된 가격을 처주지 않는 불공정 무역을 계속 고집하고 있기 때문이에요.

제2차 세계대전이 끝나고 우리 지구촌은 두 개의 커다란 갈등을 겪으며 몸살을 앓게 돼요. 하나는 '동서 갈등'이라고 해요. 미국을 중심으로 한 자본주의를 선택한 나라들과 소련을 중심으로 한 공산주의 국가들과의 갈등이에요. 이를 냉전 시대라고 하죠.

그리고 또 하나의 갈등이 바로 '남북문제'에서 오는 경제적 갈등이에요. 오호, 남한과 북한의 갈등이요? 그건 아니랍니다. 여기에서 말하는 '남북문제'는 선진국과 후진국의 빈부 격차가 너무 벌어진 현상을 말해요. 세계 지도를 보면 선진국은 대부분 북반구에 있어요. 가난한 나라는 적도 부근에 몰려 있거나 아프리카와 남아메리카처럼 남반구에 몰려 있죠. 그래서 잘사는 북쪽과 못사는 남쪽의 갈등 문제를 '남북문제'라고 부른답니다.

1991년 소비에트연방이 해체되고, 공산주의를 포기한 러시아가 들어서면서 냉전 시대는 끝이 나요. 그 냉전의 산물인 우리의 휴전선은 아직 그대로 있지만, 대부분의 세계에서 동서 갈등은 사라졌죠. 그러나 21세기에 들어와서도 남북문제는 점점 더 심해지고 있어요.

가난한 나라들의 비극

이제, 눈을 돌려 오늘날 우리가 사는 세계의 모습을 살펴보도록 해요.

아프리카의 어린이들이 굶어 죽어 간다는 사실은 인터넷이나 TV를 통해 여러분도 잘 알고 있을 거예요. 또 남아메리카 여러 나라의 빈민촌 이야기나 마약 전쟁과 같은 뉴스도 들어 봤고요. 가난한 나라의 어린이는 병에 걸려도 제대로 된 치료조차 받지 못해요. 안심하고 마실 수 있는 깨끗한 물이 부족하고, 작게라도 농사를 지을 땅이 없어요. 교육을 받아도 취직할 일자리가 적고, 일자리가 있다고 해도 근무 환경이 너무 열악한 곳이 많아요.

인터넷이 발달하고 거리엔 자동차가 즐비하고 우주선을 쏘아 올려 우주를 개척하는 이 시대에, 굶어 죽고, 병들어 죽는 어린이가 있다는 사실이 믿어지지 않겠죠. 정말이지 믿어지지 않아요.

부자 나라의 이익을 지키는 세계 기구들

왜 가난한 나라는 계속 가난하고, 부자인 나라는 점점 더 부자가 되는 걸까요?

여러분은 WTO, IMF, G7, G20 같은 단어를 들어 본 적이 있나요? 아마 어렴풋이 알고 있기도 하고 '어, 뭐지?' 하는 사람도 있을 거예요. 이 단어들은 여러분이 어른이 되어서도 신문이나 TV 뉴스의 경제 분야에서 가장 많이 보게 될 단어이기도 해요.

이 단어들을 하나하나 다 설명하려면, 아마 책 한 권으로도 모자랄 거예요. 그래서 여기에선 아주 간단하게 이야기할게요. 이 단어 하나하나는 지금 우리 지구촌의 정치, 경제, 문화 등 모든 분야에 가장 큰 힘을 지닌 단체와 모임의 이름이에요. 그래서 오늘날 지구 상에서 겪고 있는 가난의 문제와도 깊은 관계가 있는 기구들이죠.

G7은 미국·일본·영국·프랑스·독일·이탈리아·캐나다 이렇게 7개 선진국이 모여서 만든 회담의 이름이에요. 이들 나라가 모여 세계경제의 중요한 사항을 결정해요. G20은 G7 국가와 유럽연합(EU) 의장국과 더불어 중국과 우리나라와 같이 경제적으로 중요해진 12개 나라를 포함해 만든 회

콕, 짚고 넘어가요!

빈부 격차 얼마나 심각할까요?

빈부 격차는 못사는 나라에만 있는 현상일까요? 아니에요. 미국에서도 상위 10% 부자가 미국 전체 소득의 절반 이상을 차지해요. 우리나라에서도 빈부 격차는 심각하답니다. 세계적으로 이 문제는 반드시 고쳐 나가야 하지요.
오늘날 전 세계에서 가장 부유한 85명이 소유한 재산은 세계 인구의 절반인 35억 명이 보유한 재산과 같다고 해요. 4천만 명의 재산을 모아야 1명의 재산과 같다는 말인 셈이죠. 빈부 격차가 점점 심해지면 지구촌엔 미래가 없게 된답니다. 공정무역은 이런 심각한 빈부 격차를 줄이고자 하는 작은 노력이지요.

담이에요. 여기에서도 역시 세계경제의 중요한 결정을 해요.

WTO는 '세계무역기구'라고 불러요. 여기에서는 세계 각 나라 사이에 이뤄지는 모든 무역의 규칙을 만들고 감독해요. 정말로 막강한 힘을 가진 조직이에요. 어떤 나라가 말을 듣지 않으면, 경제봉쇄를 해서 그 나라와는 아무도 장사를 할 수 없도록 만들 수도 있어요.

WTO와 IMF 같은 기구가 하는 일은 아주 많아요. 그곳에서 하는 모든 일이 나쁘다고는 할 수 없어요. 세계는 너무나 복잡해서, 그리고 경제문제는 더더구나 항상 뾰족한 해결책을 찾기가 어려운 문제이기 때문에 이런 기구들이 어느 정도 질서를 잡아 주고 있다고도 할 수 있어요.

가난한 사람을 더 가난하게 만드는 무역

IMF는 여러분도 한 번쯤 들어 보았을 거예요. 우리나라도 1998년 IMF 사태를 겪었어요. IMF는 '국제통화기금'이라고 해요. 한마디로 '각 나라의 정부를 상대하는 은행'이에요. 가난한 나라의 정부에 돈을 빌려주고 제때 갚지 못하면, 엄청난 압박을 가해서 무역 장벽을 허물어 시장을 개방시키는 일을 하는 곳이에요.

그런데 G7, G20, WTO, IMF 같은 기구를 만들고 운영해 가는 실질적인 주인은 모두 잘사는 선진국이에요. 그래서 이 기구들은 기본적으로 선진

G20
선진 7개국 정상회담(G7)과 신흥 산업국 12개국, 그리고 유럽연합(EU) 의장국 등 세계 주요 20개국을 회원으로 하는 국제기구예요. 세계 경제와 국제금융의 주요 문제를 다루죠. 1999년에 만들었어요.

G7
세계경제의 중요한 일들을 의논하고 결정하기 위해 1970년대에 서방 선진국 7개국이 모여 만든 국제기구예요. 경제문제뿐만 아니라 정치와 외교 분야까지 다루어요.

국의 이익에 따라 움직이고, 이익을 만들기 위해 주로 사용하는 방법이 바로 '불공정한 무역'이에요.

한 가지 예를 들자면 이들 기구에서는 가난한 나라의 시장을 지키는 최소한의 관세도 없애자고 주장해요. 관세가 없어지면 당장 외국의 물건을 싸게 들여올 수 있고, 사람들이 저렴하게 물건을 살 수 있으니 좋지 않으냐고요? 그러나 현실은 그렇지가 않아요. 길게 보면 관세가 없는 분야의 자국 산업을 지키기가 무척 어려워지니까요.

WTO
'세계무역기구'라고 불러요. 세계경제를 감시하고 질서를 잡는 곳이에요. 국가나 기업 간에 말썽이 일어나면 사법적인 힘을 갖고 개입해서 해결해요. 1995년 결성했고 대부분 미국을 중심으로 한 서방 선진국의 입장을 대변하죠.

IMF
'국제통화기금'이라 부르는데, 한마디로 각 나라 정부를 상대하는 은행이에요. 1945년 미국이 주도해서 만들었어요. 저개발 국가의 경제정책을 좌지우지하며 기업의 구조 조정을 지시하는가 하면, 각 나라 시장의 완전한 개방을 요구하죠.

예를 들어 외국의 쌀을 수입할 때 우리나라에서 관세를 0%로 책정하면, 외국 쌀은 우리나라 시장에서 우리나라 쌀보다 훨씬 낮은 가격에 팔릴 수 있어요. 당연히 우리나라 쌀을 사는 사람은 줄어들 테고, 농민은 당장 어려움을 겪겠지요.

그런데 더 큰 문제가 있어요. 쌀은 우리나라 국민이 매일 먹는 먹거리인데, 이걸 외국에 의존하면 좀 불안하지 않을까요? 수출국에 갑자기 재난이라도 발생해서 쌀농사를 망친다면 어떨까요? 그 나라는 자기네 먹을 것도 없는데 우리에게 쌀을 수출하지는 않을 거예요. 당연히 갑작스럽게 가격이 오를 수도 있고, 더 심할 때는 돈이 있어도 쌀을 살 수 없는 경우까지 생길 수 있어요. 일부 가난한 나라들은 이미 이런 상황을 2006~2008년 세계 식량 위기 때 고스란히 겪었어요.

더 나은 미래를 위해 나서야 할 때

아프리카와 남아메리카의 나라들은 콜럼버스의 신대륙 발견 이후에 유럽 사람들에게 수백 년을 빼앗겨 왔는데, 21세기로 접어든 현재에도 여전히 그들이 설 자리는 없어요. 당장 내다 팔 수 있는 커피나 카카오의 시장가격은 예측이 너무 어려워 번번이 손해 보기 일쑤고요. 농업 기반은 약한 데에다가 다른 산업 분야는 아직 시작도 못한 상태지요. 그런데 세계무역기구

등은 부채를 갚으라고 협박하면서 시장을 개방하라고 요구하고 있어요.

아프리카의 어린이들이 고된 노동에 시달리는 것도, 어린 나이에 굶어 죽어 가는 것도, 하나씩 짚어 보면 준비되지 않은 사람들을 너무 성급하게 세계 경제구조 속으로 밀어 넣었기 때문이에요. 힘세고 부자인 나라들이 너무나 많은 이익을 갖고 싶어 해서예요.

그렇다면, 이대로 가만히 있어야 할까요? 그렇지 않아요. 세계 곳곳엔 착한 사회를 만들기 위해 노력하고 애쓰는 많은 이들이 오늘도 열심히 일하고 있어요. 한 번에 모든 것을 다 바꿀 수는 없지만, 천천히 더 좋은 사회를 만들어 가는 것이 바로 우리가 더 나은 미래를 위해 해야 할 일이에요. 공정무역도 바로 그런 일 중 하나고요.

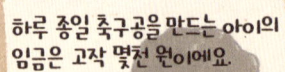

경제구조를 바로잡아야 해요!

세계 곳곳에는 아무리 열심히 일해도 늘 가난할 수밖에 없는 농부들이 있어요. 열심히 일해도 일한 만큼 대가를 받지 못하기 때문이죠. 왜 그러냐구요? 힘 있고 돈이 많은 선진국과 다국적기업들이 자신들의 이익을 위해 세계 경제구조를 그렇게 만들어 놓았기 때문이에요. 몇 달치 월급을 모아야 살 수 있는 휴대전화. 그 휴대전화 값과 매달 내는 통신 요금은 어디로 가나요? 다국적기업에서 다 가져간답니다. 가난한 나라의 물건을 싸게 사고, 선진국에서 가져온 물건은 비싸게 파는 구조에서는 가난한 나라의 농부들이 가난에서 벗어나기란 상놈이 양반 되는 것보다 어려워요.

가난은 한 사람의 잘못이 아니에요. 가난한 것은 다국적기업만 돈을 벌도록 만들어 놓은 경제구조 때문이죠. 공정무역은 바로 이런 문제를 조금씩 고쳐 나가려는 착한 무역이랍니다.

60%

왜 공정무역이 필요할까요?

공정무역이 걸어온 공정한 길

세상을 바꾸는 공정무역

우리나라의 공정무역

제 2 장

착한 소비가 지구를 살려요

누구나 열심히 일한 만큼 대가를 받을 수 있다면 얼마나 좋을까요. 그러나 세계 경제구조는 이윤만을 좇은 나머지 힘없고 가난한 나라의 농부들이 처한 어려움을 나 몰라라 한답니다.
그래도 이제는 바꿔야겠죠? 그 첫 시작이 바로 공정무역이에요.

왜 공정무역이 필요할까요?

심각해지는 세계경제의 양극화 현상

우리는 앞에서 불평등한 경제구조 때문에 가난으로 고통받는 사람들의 이야기를 알게 되었어요. 이 땅에 사람이 살기 시작해 문명이란 것이 발생하고, 사회와 국가를 이루면서부터 모든 정치 지도자는 이 문제를 해결하고자 노력해 왔어요. 기술의 발달로 생산성이 높아져 먹고사는 수준을 넘어서는 여분(잉여)의 생산물은 어떤 이에게는 부를 가져다주었으나, 어떤 누구에게는 계속 일해도 제자리인 삶을 가져다주었기 때문이에요.

예전에는 이러한 빈곤과 불평등의 문제가 한 나라 안에서 일어나는 문제였어요. 그러나 과학기술과 항해법의 발달로 대양을 건널 수 있게 되면서 문제는 더욱 복잡해졌어요. 지구촌 전체의 문제가 된 것이죠. 콜럼버스의 신대륙 발견은 그 첫 시작이었어요. 유럽 사람들은 군대를 이끌고 가 아메리카 대륙의 원주민을 마구 죽이고 강제로 보물을 빼앗았죠. 그다음에 이어지는 끔찍한 이야기는 이제 여러분도 잘 알 거예요. 지금부터는 그들이 처한 현재 상황을 살펴보기로 해요.

가난한 나라에서 산다는 것

남쪽에 사는 가난한 사람들은 어떤 삶을 살아가고 있을까요? 가난한 나라의 어린이들은 물을 얻기 위해 몇 시간을 걸어 우물에 가야 해요. 염증을 치료하는 항생제 한 알이 없어 병을 크게 키우거나 목숨을 잃기도 해요. 여자아이들은 학교에 가기보다 어머니를 도와 부엌일을 살펴야 하고, 남자아이들은 생계에 보탤 돈을 벌기 위해 농장이나 돌 깨는 작업장으로 내몰리기도 하죠. 어른들이라 해서 크게 다르지 않아요. 가족의 밥벌이를 위해 멀리 잘사는 나라로 떠나 험한 일을 하기도 하고, 그러다 언어와 문화가 익숙하지 않은 탓에 일터에서 큰 사고를 당하는 경우도 있어요.

이런 상황을 보다 못한 국제사회는 어려운 사람들을 어떻게 도울 수 있을까를 고민하며 여러 방법을 내놓았어요. 굶는 사람들에게 식량을 무상으로 지원해 주기도 하고, 어린이를 위한 교육 시설을 제공하기도 했어요. 무료 진료소를 만들어 의사 선생님과 약을 보내 주기도 했어요. 또 국토를

개발해 험한 산에 도로를 놓기도 하고, 산업을 부흥시킬 수 있도록 그 나라 정부에 돈을 빌려주기도 하지요. 말만 들어도 좋은 일이 많이 생길 것 같지 않나요?

그런데 국제사회의 선의에서 출발한 이러한 일들이 다 좋은 결과를 가져오지는 못해요. 식량 원조는 그 나라의 농업이 자립할 기회를 빼앗았고, 학교 설립은 아이들이 어렵게 학교를 졸업해도 배운 것을 활용할 일터가 없어 또 다른 고민을 낳았죠.

더 나쁜 일은 국제사회가 가난한 나라의 정부에 빌려준 돈을 그 나라의 독재자와 지배 계층이 가로채는 일이 일어나는 거예요. 도로를 건설하거나 학교나 병원을 지어야 할 돈이 개인의 재산이 되어 버렸죠. 결국 이 돈은 나중에 국민의 세금으로 갚아야 하는 데도 말이에요.

이렇게 가난한 나라의 사람들은 이중 삼중으로 고통을 당하기 쉬워요. 굶어 죽는 어린이가 생기지 않으려면 뭔가 근본적인 해결책이 필요해요.

원조보다는 자립

"왜 문제가 해결되지 않을까?" 이런 질문을 던지면서 뜻있는 시민운동 단체의 전문가와 학자들이 이 문제를 자세히 들여다보기 시작했어요. "그래도 대대로 농사를 짓던 사람들이라 농사만 잘 지어도 먹고살 만은 해야 하는데, 왜 이리도 가난할까?"

그렇게 자세히 살펴보니 중요한 문제가 눈에 띄었어요. 가난한 나라 사람들이 열심히 농사지은 농산물의 가격이 턱없이 낮았던 거예요. 커피, 카카오, 사탕수수 등은 세계인이 모두 즐겨 찾는 음식이기 때문에 오랜 세월 동안 거대 기업에서 이것을 싸게 사들여 비싸게 팔았어요. 그러니 농산물

> **콕, 짚고 넘어가요!**
>
> ### 현물시장과 선물시장은 어떻게 다른가요?
>
> 농산물이나 광물과 같이 가격 변동 폭이 큰 상품을 국제적으로 거래할 때는 보통 두 가지 거래 방법을 사용해요. 물건을 주고받을 때 물건값을 동시에 치르는 현물시장, 계약서와 계약 가격으로 거래가 이뤄지는 선물(先物)시장이 있어요. 예를 들어 커피 1톤을 거래한다고 해요. 현물시장은 이미 수확해서 포장한 커피 1톤을 놓고 그 자리에서 사고파는 방법이에요. 선물시장은 앞으로 농사를 지어 몇 개월 뒤에나 수확하게 될 커피를 미리 사고파는 방법이지요. 농부는 가격이 떨어질 때를 대비할 수 있고, 구매자는 가격이 올랐을 때 큰 이익을 볼 수 있기 때문에 생긴 거래 방법이랍니다. 생산자는 일종의 보험을 드는 셈이고, 구매자는 안정적으로 물량을 확보할 수 있는 장점이 있지요.
>
> 그런데 선물거래는 너무 복잡하고, 또 어떻게든 싸게 사려는 투자자에게 유리하게 흘러가도록 되어 있어요. 따라서 금융이나 경제구조를 잘 모르는 데다가 정보 파악도 어려운 가난한 나라의 농부들은 이러한 거래에서 큰 어려움을 겪게 된답니다.

가격을 턱없이 낮게 유지하기 위해 앞에서 말한 세계무역기구를 동원했던 거예요.

가격이 낮은 것도 문제지만, 더 안 좋은 것은 해마다 가격이 들쑥날쑥하다는 거예요. 어느 해는 가격이 조금 괜찮다 싶어 이듬해엔 농작물을 더 많이 심어요. 그런데 마침 그해에는 가격이 폭락하고 말죠. 그러면 농부는 빚을 지게 됩니다. 그리고 그 빚을 갚으려고 또 농사를 열심히 짓지만, 농약값과 비룻값이 올라 빚은 줄어들지 않게 돼요.

이러한 악순환이 생기는 이유는 뭘까요? 농사만 짓는 사람들은 국제적인 시장에서 일어나는 수요 공급의 변화에 발 빠르게 대비하기가 어려워요. 아프리카의 시골에서 농사를 짓는 농부가, 세계 각지에서 생산되는 커피가 거래되고 그 가격이 결정되는 뉴욕의 국제 선물시장에서 일어나는 일을 알 수가 없으니, 그에 따른 커피 가격을 알 길이 없다는 말이에요.

이렇게 가난한 저개발 국가가 제 목소리를 내기 어려운 세계 무역구조가 고치지 않는 한, 가난한 나라의 문제는 근본적으로 해결되지 않아요.

시민운동 단체 사람들이 이러한 문제를 해결하기 위해 오랫동안 연구한 끝에 내놓은 방안 중 하나가 바로 공정무역이에요. 저개발 국가의 농부들이 자기 땅에서 마음 놓고 농사를 지으며 천천히 성장할 기회를 주는 것이 바로 공정무역의 목적이에요.

무역을 선진국의 거대 기업에만 맡겨 놓으면 거대 기업은 무조건 싸게 농산물을 사들이려고만 해요. 그러면 가난한 나라의 농부들은 너무 가난해져서 농사를 포기할 지경에 이른답니다. 그러다가 가뭄이나 지진과 같은 자연재해까지 덮치면 갑자기 굶어 죽는 사람들이 생겨나고요. 그러면 그제야 선진국에서 식량을 원조하고, 약품을 지원하면서 돕겠다고 나서요. 그렇게 한고비를 넘겨도 악순환은 멈추지 않아요.

어떻게 해야 할까요? 저개발 국가의 농부들이 자립할 힘을 길러 주는 일이 가장 중요해요. 동시에 큰 기업에게 집중된 힘을 약한 농부들과 나누어야 해요. 그래서 농부들에게 기회를 주고 힘을 키우는 데 목적을 두고 있는 공정무역이 필요합니다.

공정무역이 걸어온 공정한 길

피로 단맛을 낸 음료를 거부하다

기업과 생산자에게 공정한 기회를 주고 생산자들이 자립할 힘을 길러 주기 위한 공정무역은 언제 시작되었을까요? 지금과 같은 형태의 공정무역이 걸음마를 시작한 것은 1940년대 후반의 일이에요. 그러나 그 이전에도 이런 운동이 없었던 것은 아니에요.

사람이 사는 곳에는 어쩔 수 없이 많은 문제가 있고, 이 문제를 해결하려는 시도 또한 다양했어요. 그래서 지금의 공정무역과 비슷한 개념, 비슷한 운동은 그 이전에도 여럿 찾아볼 수 있어요.

설탕을 예로 들어 볼까요? 앞에서 살펴본 대로 설탕의 역사는 사실 피의 역사이기도 해요. 18세기 유럽인들은 아프리카 사람들을 잡아다가 아메리카의 대농장에 노예로 팔아넘겨요. 영문도 모른 채 잡혀 온 아프리카 흑인들은 대농장에서 짐승처럼 혹사당하며 설탕의 원료인 사탕수수를 재배하게 되죠. 그렇게 생산된 설탕을 다시 유럽으로 들여오면서 유럽의 왕실과 무역상들 그리고 유럽인이 세운 식민지 정부는 엄청난 돈을 벌게 됐어요. 유럽 사람들은 그 귀하던 설탕을 싸게 구입해 우아하게 디저트로 먹어 치웠지요.

그러나 그 시대에도 윤리적인 소비자들이 있었어요. 1758년 영국에서 노예무역과 노예노동을 반대하는 사람들이 뜻을 모아 "피로 단맛을 낸 음료"에 대한 불매운동을 벌였어요. 그러면서 오로지 동인도 제도에서 생산된 설탕만을 사용하자고 주장했어요. 이들은 동인도 제도에서 수입한 설탕에 "자유민들의 노동으로 생산되었다."는 라벨을 붙였어요.

당시에 얼마나 많은 사람이 노예노동으로 생산된 값싼 설탕의 유혹을 끊고, 상대적으로 값이 비싼 인도 설탕을 구매했는지는 모르겠어요. 그러나 그것이 공정무역 운동의 첫출발이 아니었을까 생각해요.

60년간 발전해 온 공정무역의 역사

이제는 공정무역의 본격적인 역사를 알아볼까 해요.

1940년대 후반에 난민의 구호를 목적으로 미국에서 설립된 시민 단체인

서브(SERRV)가 남반구의 가난한 사람들이 제작하는 물건을 사 주기 시작했어요. 1950년대 미국의 한 상점(Ten Thousand Villages)에서 중남미 푸에르토리코의 자수 제품을 구매하기 시작한 것도 공정무역의 걸음마 단계로 여길 수 있어요.

그러나 본격적인 공정무역의 시작은 제2차 세계대전 직후, 영국의 국제 구호기구 옥스팜(Oxfam)이 중국의 난민들이 생산한 공예품을 구입해 자선 가게에서 판매한 일이에요. 난민을 돕기 위해 쉼터를 제공하고 음식을 줄 수도 있었지만, 일자리를 만들어 주고 그들이 만드는 제품을 시장에서 팔 수 있도록 소비자 운동을 벌였다는 것이 지금의 공정무역 모습과 가장 가깝기 때문이에요.

이런 시민운동은 1960년대 후반부터 본격적으로 펼쳐져요. 이때의 공정무역은 생계 수단을 잃거나 재난을 당해 어려운 처지에 놓인 남반구의 가난한 사람들이 만든 물건을 사 주면서 성장했어요. 공정무역을 이끈 사람들도 대부분 유럽 지역의 큰 개발 단체 혹은 종교 단체였어요.

이들 시민사회 단체(NGO)는 단순히 물건을 사 주는 역할에 머물지 않고 한발 더 나간답니다. 바로 가난한 지역의 자립을 돕는 일이었죠. 이들은 남반구의 생산자들과 일하면서 그 지역의 생산자 스스로 단체를 만들 수 있도록 도와주었어요. 이렇게 현지에서 스스로 만든 단체는 자신들의 생산물을 잘사는 북반구에 수출할 힘도 키워 가게 되었어요. 그저 원조만 바라보며 살 수밖에 없던 사람들에게 스스로 일을 해 삶을 꾸려 갈 방법을 찾게 해 주었어요. 이것은 지난 60년간 발전해 오면서 공정무역이 지켜 온 목표이기도 해요.

공정무역의 초창기에는 '수공예' 제품이 주를 이뤘어요. 아마도 먼 거리를 이동해도 상할 염려가 없는 데다가, 당장 물건을 구입해 도움을 줄 수 있는 다른 품목이 마땅히 있는 것도 아니었을 테니까요. 그러나 저개발 국가의 대다수 국민은 농민이었고, 커피나 카카오 같은 수출 품목을 농사짓는 사람이 많았기에 공정무역은 점차 농산물 거래 쪽으로 눈길을 돌리게 됐어요. 게다가 선진국에서도 친환경 유기농 농산물에 관심이 높아지면서 생산자와 직접 거래하고 친환경 농법 등을 원칙으로 삼는 공정무역이 주목 받기 시작했어요. 그러나 처음부터 그렇게 쉽지만은 않았답니다.

생산자의 편이 되어 주는 공정무역

공정무역이 자리를 잡아 가던 1986년의 일이었어요. 중앙아메리카에 있는 니카라과는 커피 농사를 많이 짓는 나라예요. 그런데 이 나라에서 미국을 반대하는 정치 세력이 선거를 통해 정권을 잡은 일이 일어났어요. 미국은 화가 단단히 났지요. 그래서 그 나라에서 수출하는 모든 품목을 미국 내로 들여오는 것을 막았어요. 이것을 어려운 말로 '경제봉쇄'라고 해요. 게다가 미국은 니카라과의 민주주의를 반대하는 세력에게 몰래 무기를 대주고 정부군을 공격하도록 지원하기도 했어요.

당시 니카라과에서 미국으로 수출할 수 있는 몇 안 되는 농산물이 커피였어요. 당장 저 많은 커피를 팔 수 없게 된 니카라과는 난감했어요. 수출할 수 없으면 국내에서 팔면 되지 않느냐고요? 그렇게 간단치가 않아요. 커피, 카카오 같은 수출용 작물들은 처음부터 수출을 위해 유럽 사람들이 노예를 붙잡아다 재배를 시작한 것이고, 원래 그 나라 사람들이 즐겨 먹는 작물은 아니어서 수출 길이 막히면 그대로 썩혀야 할 판이에요.

판매처를 잃은 니카라과 커피 농장에선 밥을 굶는 사람이 생기기 시작했고, 아이들이 영양실조로 죽기 시작했어요. 니카라과에서 커피를 구매하던 공정무역 단체들도 발을 동동 굴렀어요. 미국의 정의로운 시민들과

콕, 짚고 넘어가요!

공정무역은 농부들만 도와주나요?

그렇지 않아요. 공정무역에서는 농작물을 재배하는 농부, 공예품을 만드는 장인, 농장이나 공장에 고용되어 일하는 노동자들을 모두 도와준답니다. 여기엔 대기업 공장에서 일하는 노동자나 거대 기업에서 직접 운영하는 농장은 포함되지 않아요. 공정무역이 도우려는 생산자들은 아무리 열심히 일해도 자기가 일한 대가를 제대로 받지 못하는 사람들이에요. 그것은 잘못된 경제구조와 사회구조 때문이기에 그 구조를 조금씩 바꿔 가는 것이 공정무역이 해야 할 일이랍니다.

전쟁을 반대하는 사람들도 미국 정부에 항의했지만, 당장 니카라과 사람들을 도울 수가 없었답니다.

고민하던 미국의 공정무역 단체와 시민들은 꾀를 내어 약간의 편법을 쓰기로 했어요. 미국으로 니카라과의 커피를 직접 가져올 수는 없지만, 다른 나라에서 니카라과의 커피를 가공해서 포장하면 수출국이 바뀌는 점을 활용하기로 한 거예요.

먼저 미국의 공정무역 단체는 유럽의 단체에 부탁해 니카라과의 커피를 수입해 달라고 했어요. 그리고 유럽에서 커피를 가공해 유럽 회사의 이름으로 포장을 한 뒤 그것을 미국으로 보냈어요. 니카라과의 커피지만 최종 제품의 생산지는 유럽으로 찍히게 되니, 미국이 수입을 막을 수는 없었어요.

니카라과의 굶주림과 고통을 외면하고 싶지 않았던 미국 시민은 이 커피를 우편 주문해 사 먹기 시작했어요. 교회에서도 행사를 열어 커피를 홍보하고, 니카라과와 미국 사이에 일어나고 있는 부정한 일들도 알렸어요.

이 일을 계기로 공정무역을 추진하는 시민사회 단체는 두 가지 사실을 깨닫게 됐어요. 하나는 강대국 위주로 돌아가는 세계의 정치, 경제 구조 아래에서는 저개발 국가 생산자의 힘이 너무나도 약하다는 사실이에요. 그들이 아무리 열심히 농사를 지어도, 어느 날 갑자기 강대국에서 뱃길을 막아 버리면 폭삭 망할 수도 있으니까요.

두 번째는 선진국의 소비자들이 힘을 합치면, 이런 어려움을 어느 정도 극복할 수 있다는 점을 깨달았어요. 이렇게 힘을 합치는 것을 '연대'라고 말해요. 좋은 일을 하려는 사람들이 연대하면 더 많은 사람에게 도움을 줄 수 있다는 것을 알게 됐지요.

공정무역은 생산자의 편이 되어 주는 일이에요. 아직도 많은 나라의 생산자들은 안정적인 시장을 확보하거나, 그 시장으로부터 제대로 된 가격을 받지 못해요. 커피 품질을 개선하려는 노력이나 투자는커녕, 당장 굶을 수밖에 없는 취약한 처지에 놓였다는 점을 우리는 잘 알고 있어야 해요.

공정무역 인증 마크의 효과

그 뒤로도 공정무역은 여러 어려움을 겪었어요. 거대 기업들의 틈바구니에서 생산자의 편을 들어 가며 그들이 생산한 제품을 소비자에게 판다는 것이 쉬운 일은 아니기 때문이에요. 대량으로 싸게 원재료를 사들인 대기업에서 만들어 파는 상품은 가격이 상대적으로 쌀 수밖에 없으니까요. 예를 들어 한 개를 팔아서 100원을 남기는 것보다는 10원을 남기고 100개를 파는 것이 훨씬 이익이에요. 이 제품의 원가가 200원이라고 하면, 앞의 경우는 300원짜리 제품이 되지만, 뒤의 경우는 210원이 돼요. 두 제품의 품질이 거의 같다면, 여러분은 어떤 것을 사게 될까요? 당연히 싼 것이겠지요. 이것을 경제 용어로 '규모의 경제학'이라고 해요. 생산과 소비의 규모가 커질수록 그 규모를 감당할 수 있는 거대 기업에 유리해져요.

농업도 마찬가지여서 가족이 농사를 짓는 작은 밭과 기업에서 운영하는 대규모 농장은 경쟁이 어렵겠지요. 가난한 나라의 농부들은 이렇게 이중 삼중의 어려움 속에 있어요. 그들이 자립할 수 있도록 돕는 것이 공정무역의 역할이고요.

그런데 지금부터 30여 년 전, 공정무역에 도움이 된 반짝이는 아이디어가 등장했어요. 이 아이디어를 떠올린 분은 네덜란드의 한 신부님이었어요. 신부님의 아이디어는 바로 공정무역 인증제였죠.

원래 이 신부님은 멕시코 동남부에 있는 상업 도시 오악사카에 있는 커피 협동조합을 오랫동안 도와 오신 분이었어요. 신부님은 농부들이 열심

콕, 짚고 넘어가요!

공정무역에도 국제조직이 있나요?

물론, 있답니다. 1991년 공정무역을 인증하고 상품의 윤리성을 홍보하고자 만든 '국제페어트레이드상표기구(FLO)'가 대표적이에요. 공정무역이 성장하면서 인증을 받는 단체가 늘자, 이 기구는 2011년 '페어트레이드인터내셔널(FI)'로 명칭을 바꿨어요. 우리나라의 공정무역 단체들도 이 기구가 인증한 생산자 단체들과 주로 거래하고 있답니다. 공정무역만 하는 단체들이 회원으로 참여한 세계공정무역기구(WFTO)가 있어요. 이곳은 한두 개의 제품에 대한 인증이 아니라, 단체의 사업이 모두 공정무역을 지향해야만 회원이 될 수 있어요.

히 일해서 생산한 좋은 커피를, 어떻게 하면 공정한 가격에 거래할 수 있을지 고민했어요. 그러다가 공정무역으로 생산된 커피라는 것을 사람들이 알게 되면 좋은 뜻에서 더 많이 사 주지 않을까 생각한 것이죠.

신부님은 네덜란드에 있는 시민 단체에 도움을 청해 공정무역 '상표'를 만들기로 했어요. 그것도 한 회사만 쓸 수 있는 상표가 아니라, 기준에 맞게 거래된 공정무역 커피라면 누구라도 쓸 수 있는 공동 상표를 개발한 거예요. 소규모 커피 가공 업체들이 이 계획에

공정무역 인증 마크들

공감했고, 1988년 11월 역사적인 '막스 하벨라르' 상표가 세상에 선보이게 됐어요. 사실 상표라기보다는 '공정무역 인증 마크'였던 셈이에요.

이 상표를 사용하는 단체가 늘면서 공정무역은 더욱 발전하기 시작했어요. '공정무역' 상표가 붙은 제품은 엄격한 심사 기준을 통과한 제품이라는 것을 소비자들이 믿게 되었기 때문이에요.

공정무역 인증 마크가 공정무역을 증명하는 유일한 표시는 아니에요. 마크 없이 공정무역을 추구하는 공정무역 기관이나 기업도 많아요. 이들은 세계공정무역기구(WFTO)에 가입해 해마다 자체적으로 서로 철저히 살피고 조사해요. 기업과의 협력을 통한 공정무역의 확산보다 시민의 생각을

바꾸고 공정무역 마을 만들기 등 지역 사회로부터 공정무역을 확산하는 중요한 일들을 하고 있답니다.

공정무역은 엄격한 기준을 지켜요

공정무역 마크를 받으려면 생산지에서부터 철저하게 공정무역의 주요 원칙이 잘 지켜졌는지 국제기구(FLOCERT)로부터 점검을 받아야 해요. 생산자 단체에서 이 인증을 받으면 세계 각국의 더 많은 공정무역 구매자들을 만날 수 있는 장점이 있어요.

또한 영리를 목적으로 하는 일반 기업들도 이 인증을 확보한 생산자 단체에서 원재료를 구매하면 되니까 공정무역에 참여하기가 쉬워져요. 생산자가 공정무역 기준을 잘 지키는지 기업이 직접 확인하지 않아도 공정무역 마크가 이것을 보증하니까요.

2000년대에 접어들면서 소비자에게 착한 이미지를 주고 싶어 하는 일반 기업들이 공정무역에 관심을 보이기 시작했어요. 그래서 공정무역의 시장 규모가 많이 커졌지요. 공정무역 인증 마크를 붙인 제품이 소비자들에게 인기를 끌었기 때문이에요. 공정무역 마크가 붙은 제품을 보면 '생산자에게 공정한 가격을 지급했다.'는 믿음이 가고, 그 물건을 사면 누군가를 돕는다는 사실 때문에 기분이 좋아지지 않을까요?

그러나 이런 점을 노리고 욕심을 부리는 나쁜 기업들도 있어요. 공정무역의 참된 정신을 이해하기보다는 단순히 물건을 많이 팔고 싶어 하는 사람들도 있지요. 공정무역 마크가 붙은 제품을 팔면서 그 제품을 판매하는 자기 회사의 노동자들에게는 정당한 대우를 하지 않는다면, 앞뒤가 좀 안 맞는 이야기겠지요? 또는 뒤로는 가짜 회계장부를 만드는 나쁜 일을 벌이면서 앞에선 "우리는 공정무역 제품을 취급한다."며 자랑하는 기업도 있었어요. 이럴 때는 공정무역이 기업의 이미지를 포장해 주는 선전 도구로 이용되는 것 같아 씁쓸하기도 해요.

더 안타까운 점은 공정무역을 흉내 낸 비슷한 인증 마크를 만들어 소비자들에게 혼란을 주는 단체도 생겨나기 시작했다는 거예요. 이들은 열대 우림을 지킨다든지, 생산자 추적 시스템을 갖추었다든지, 철새를 보호한다든지…… 하는 내용으로 인증 마크를 만들어 커피나 초콜릿 제품 등에 붙이기도 해요. 그러나 이 같은 마크를 단 제품 중에 커피를 재배한 사람들에게 '공정한 가격을 보장한다.'는 기준을 제대로 지키는 곳은 단 한 곳도 없어요. 공정무역 마크는 가난한 생산자에게 공정한 가격을 보장해 줄 때만 붙일 수 있어요.

앞으로 가야 할 길

아직도 공정무역이 가야 할 길은 멀고 험난해요. 그러지 않아도 열악한 환경인데, 지진이나 이상기후와 같은 자연재해가 가난한 생산자들을 더 어렵게 만들기도 해요. 또 농사가 해마다 잘될 수는 없으니 흉년이 들면 물건을 사고 싶어도 살 수가 없게 돼요.

그러나 세계 곳곳에서 땀 흘리는 공정무역 활동가들은 끊임없이 새로운 시도를 하고 있어요. 그중 눈에 띄는 실험은 가난한 나라의 농부들이 모여 만든 생산자 협동조합*이 선진국의 공정무역 영리기업의 주식을 갖도록 하는 거예요.

실제로 영국에서 이러한 일이 성공적으로 이뤄지고 있어요. 우선 생산자들은 공정한 거래로 제 값에 농산물을 팔게 되니 마음 놓고 농사를 지을 수 있어요. 그리고 그 농산물을 사 간 선진국의 공정무역 기업이 이익을 내면, 당당히 주주로서 그 이익의 일부를 돌려받을 수 있게 돼요. 어때요? 훨씬 근사하겠지요. 아마도 농사를 지을 때 저절로 흥이 나서 정성을 다하고 싶어질 거예요. 그러면 농산물의 품질이 좋아지니 시장에서 인기가 있을 것이고, 그렇게 물건이 많이 팔리면 더 많은 배당금을 받을 수 있겠죠. 이를 '선순환'이라고 해요.

초창기 공정무역은 집을 잃은 난민을 도우려는 마음에서 출발했다고 했어요. 그러다가 단순히 물건이나 농산물을 사 주는 것에서 벗어나 생산자의 자립을 돕는 것이 중요하다는 것을 깨달았어요. 그리고 저개발 국가의 생산자와 선진국의 양심적인 소비자를 직접 연결하는 방법을 찾아냈지요.

이제 공정무역은 극단적으로 이윤을 추구하려는 기업마저도 파트너로 삼고, 그들의 일방적인 구매 방식을 공정무역으로 바꿔 나가고 있어요. 그래서 공정무역이 더욱 발전하려면 우리 스스로 좀 더 양심적이고 윤리적인 소비문화를 만들어 가야 해요.

> **생산자 협동조합**
>
> 힘이 약한 생산자들이 공동의 이익을 목적으로 힘을 합쳐 만든 단체를 말해요. 한 사람 한 사람 개인으로 거래하면 힘이 약해 정당한 대가를 받지 못할 때가 허다하지만, 협동조합을 만들면 협상력도 높아지고 서로 협력하면서 더 쉽게 성장할 수 있어요. 공정무역에서는 생산자들의 민주적인 조합과 거래하는 것을 원칙으로 하고 있어요.

세상을 바꾸는 공정무역

농부의 든든한 친구

공정무역을 설명하다 보면 사람들이 제일 궁금해하는 것이 있어요.

"공정무역 커피 한 잔을 사 먹으면, 자유무역을 하는 일반 회사에서 수입해 파는 커피보다 생산자에게 얼마가 더 돌아가나요?"

공정무역이 자유무역과 비교해 생산 비용을 제대로 인정해 주고 생계를 유지할 수 있는 '정당한 가격'을 주는 것이니, 소비자들이 궁금해하는 것은 당연해요. 이렇게 제대로 된 가격을 받아 농가 소득이 높아지고 생활수준이 좋아지는 부분은 공정무역이 가져오는 여러 효과 중 하나예요.

이뿐만 아니라 공정무역의 좋은 효과는 더 많답니다. 커피를 예로 들어 볼게요. 공정무역은 생산지에서 커피를 구입하면서 미리 약속한 값을 지불해요. 이를 '선급금'이라고 하지요. 이렇게 미리 돈을 받으면 생산자가 농사를 마치고 커피를 배에 실어 보낼 때까지 융통할 돈이 있어서 크게 어려움을 겪지 않아도 돼요.

그렇다면 농부가 커피를 수확한 뒤 이것을 가공해 수출하기까지 얼마나 시간이 필요할까요? 커피 열매를 따면 과육을 제거하기 위해 발효를 시켜야 해요. 그러고는 생두로 가공하는 단계를 거쳐야 하죠. 더구나 수출할 정도의 물량을 모으려면 짧게는 3개월에서 길게는 6개월 정도의 시간이 걸려요. 게다가 가공 시설을 갖춘 농장이 많지 않기 때문에, 여러 농장에서 재배한 커피 열매를 모아다가 가공해서 수출하는 기업이나 조합이 따

콕, 짚고 넘어가요!

커피는 열매의 과육을 먹는 것이 아니에요!

여러분이 본 커피는 검고 딱딱한 콩처럼 생겼지요? 그러나 원래 커피 열매는 앵두 열매처럼 빨간 과일로 달려요. 바로 이 과일을 가공해서 커피로 만드는데, 우리가 한 잔의 커피를 마시기까지는 수많은 과정을 거쳐야 해요. 우선 커피 열매를 수확하면 발효를 시켜서 과육을 제거하죠. 그러고는 10여 일의 건조 과정을 거쳐요. 그렇게 말린 열매에서 얇은 겉껍질을 벗겨 내면 커피 생두가 탄생해요. 이제 그것을 커피 볶는 기계에 넣고 살살 볶으면 검은 커피콩이 되는 거랍니다.

로 있는 경우가 허다해요.

자유무역 거래에서는 이렇게 가공한 커피를 배에 싣고 나서야 구매자로부터 커피 대금을 받게 돼요. 구매자는 커피가 안전하게 배에 실렸다는 문서를 확인한 뒤 대금을 지불하죠.

가공업자가 그렇게 받은 돈을 곧바로 농부에게 나눠 준다고 해도, 농부의 입장에선 커피 열매를 수확한 지 6개월이 지나서야 돈을 받을 수 있게 돼요. 다행히 커피를 생두로 가공해 수출하는 기업이나 조합에 자금이 풍부하다면, 6개월 전에 커피 열매를 넘겨받는 동시에 값을 미리 지불할 수도 있겠지요. 그러나 그런 경우는 좀처럼 없어요. 있다 하더라도 그것을 악용하는 사람들이 꽤 있지요.

당장 돈이 필요한 농부의 입장에선 가공업자가 "미리 돈을 주는 것이니 조금만 깎아서 줄게."라고 말해도 어쩔 수 없이 받아들여야 해요. 그러면 농부의 손해는 이만저만이 아니에요. 가공업자는 이렇게 싸게 구입한 커피 열매를 가공해 되팔면서 큰 이익을 얻지만요.

콜롬비아나 브라질처럼 커피 산업이 오래된 나라에서는 이런 문제를 정부에서 정책적으로 보완해 주기도 해요. 농부도 대출을 쉽게 받을 수 있고, 생두 가공업자도 늘 넉넉하게 자금을 확보할 수 있도록 도와줘요. 그러나 세계시장에서 경쟁할 힘이 없는, 작은 땅에서 농사짓는, 소농들에게 이런 혜택은 꿈같은 일이에요. 이 사람들을 어떻게 하면 도울 수 있을까요?

맞아요. 바로 앞에서 이야기한 '선급금'을 지급하는 거예요. 공정무역의 구매자는 커피 수확이 시작되기 전 계약을 마치고, 총 계약 금액의 60%를 선급금(advanced payment)으로 지급해요. 어떤 경우에는 생두의 가공 비용까지 미리 지급하기도 해요.

아무리 제값을 주더라도 그 돈이 제때에 전해지지 못하면 별 소용이 없어요. 농부가 커피 열매를 따는 순간, 농부가 현금을 가질 수 있어야 해요.

공정무역의 놀라운 비밀

생산자에게 제때 제대로 된 물건값을 지불하는 공정무역의 거래 방식엔 아주 큰 비밀이 하나 숨어 있어요. 그 비밀은 너무나 중요해서 어쩌면 공정무역이 불러온 기적 같은 일일지도 몰라요.

그것은 바로 자유무역 시장에서 커피 열매의 값이 폭락해도 공정무역으로 거래하는 농부는 크게 피해를 보지 않는다는 점이에요. 공정무역은 선급금을 60% 지급할 때, 농사지을 때 든 생산비를 따져서 농부가 손해나지 않도록 공정한 금액을 지불해요. 자유무역으로 거래하는 농장에선 언제 커피 열매 가격이 폭락할지 몰라 늘 불안에 시달려야 하지요. 그러나 공정무역 거래를 하면 그런 걱정은 사라져요.

그리고 농사를 지을 때마다 늘 일정한 금액을 벌게 된다면, 농부는 이런저런 계획을 세워 살림을 잘 꾸려 갈 수 있게 돼요. 딸을 시집보내기 위

해서 앞으로 얼마나 벌어야 할지, 땅을 좀 더 사기 위해서는 얼마나 더 기다려야 할지, 돈을 다 모은 다음에 땅을 사는 것이 좋을지 아니면 대출을 받더라도 땅을 먼저 사고 농사를 지어 대출금을 갚는 것이 이득일지 등을 계획하고 결정할 수 있죠. 수입이 늘 불안하다면 이런 것은 꿈도 꾸지 못할 거예요.

안정적이고 장기적인 소득이 보장된다는 것은 앞으로의 일들을 조금 더 계산해 보고, 가족의 미래에 투자할 수 있다는 뜻이에요. 여러분이 매달 용돈 받는 날을 중심으로 이런저런 계획을 세우듯이 말이죠. 그런데 예고도 없이 용돈을 못 받거나 일주일 뒤에 받거나 한다면 얼마다 당황스럽겠어요. 농사짓는 것도 커다란 경제문제도 원리는 똑같아요.

시골 농부 아저씨의 고민

공정무역의 효과 가운데 또 중요하게 생각해 봐야 할 것이 있어요. 그것은 생산자가 스스로 조직을 만들어 스스로 문제를 해결할 수 있도록 돕는 일이에요.

자유무역의 문제점을 살펴볼 때 꼭 등장하는 것이 '중간상인'*이란 집단이에요. 이 중간상인들은 농부들을 찾아다니며 커피를 헐값에 사들여요. 농부는 왜 중간상인에게 커피를 헐값에 팔까요? 자기 커피를 제값에 사 줄

> **중간상인**
>
> 생산자와 기업을 연결해 주는 장사꾼을 말해요. 주로 교통이 나쁜 지역에서 활동하지요. 중간상인은 시골의 농부들에게 작물을 사서 도시로 가지고 나와 도매상이나 기업에 파는 역할을 해요. 이 중간상인들이 누구를 위해 일하느냐에 따라 농부의 살림살이는 크게 달라질 수 있어요.

공정무역 단체를 찾으면 되지 않을까요?

그렇지만 커피를 포함해 공정무역의 주된 품목인 카카오, 면화 등이 자라는 곳은 교통이 불편한 산골이나 시골이 많아요. 물건을 팔 수 있는 도시나 수출 항구가 있는 곳과는 아주 멀리 떨어져 있지요. 땅이 넓은 나라에서는 며칠이 걸리기도 해요. 어떤 곳은 산세가 험해 외지에서 온 공정무역 단체의 활동가들은 찾아갈 수조차 없어요.

상황이 이렇다 보니 농부가 그 먼 시장에 직접 들고 가서 파는 것보다 자기 집까지 찾아오는 중간상인에게 파는 것이 꼭 나쁘지만은 않아요. 농부들의 시간과 노력을 줄여 주니까요. 이런 곳에서 지리를 잘 알고, 지역 사람들을 잘 알아서 일일이 농가를 방문해 커피나 카카오를 사 올 수 있는 중간상인들은, 어찌 보면 그 사회에서 가장 부지런한 사람일 수도 있어요.

다만, 이들이 누구 편인가가 중요하겠지요. 이 중간상인들은 농부에게 싸게 사서, 다음 상인인 더 큰 도매상이나 거대 기업에 비싸게 넘겨야 돈을 많이 벌 수 있어요. 그런데 이들도 소규모 중간상인이기에 큰 도매상이나 거대 기업과 겨뤄 이길 힘이 없어요. 그러다 보니 농부에게 싸게 사는 방법을 쉽게 택하게 되는 거예요.

중간상인의 농간

제가 2013년도에 방문해서 일했던 네팔의 한 시골 마을은 수도 카트만두에서도 13시간이나 떨어진 외진 곳이었어요. 사람들은 보통 산 중턱에 사는데, 몇몇 가구가 모여 있기는 하지만 옆 마을에 가려면 산 하나를 꼬빡 넘어가야 해요. 산에 제대로 된 길이 없는 곳도 있다 보니 이동에 시간이 참 많이 걸려요. 이런 곳에서 커피를 사들이는 중간상인들은 커피 농가에 방문해서 이렇게 말하지요.

"산 너머 옆 마을에 갔더니 이번에 커피가 풍년이에요. 알알이 튼실하고, 맛도 좋아요. 아무래도 올해 생산량이 늘어나서 제가 다 사들일 수 있을는지 모르겠어요."

이런 말을 들으면 농부는 무슨 생각을 하게 될까요?

'어이쿠! 이 사람에게 얼른 팔아야지, 괜히 흥정하다가는 제값 받기도 어렵겠는걸.'

중간상인의 말이 사실인지 아닌지는 당장 옆 마을에 가서 확인해 보면 알 수 있지만, 길도 없는 험한 곳이니 보통 일이 아니에요. 그러니 중간상인에게 값을 잘 쳐 달라고 부탁할 수밖에요. 그럼 중간상인이 이렇게 말을 이어 갑니다.

"그런데 옆 마을 커피보다 아저씨네 커피가 품질이 좀 안 좋아요. 벌레 먹은 것도 있고, 커피 알도 작고……."

커피를 즐겨 마시지 않는 나이 든 시골의 농부 아저씨는, 사실 커피 품질에 대해서는 잘 몰라요. 그저 자식 또래의 중간상인이 와서 좋다 나쁘다 하니까 그러려니 할 뿐이죠.

만약 산 너머 마을의 농부와 쉽게 연락할 수 있다면 이렇게 허무하게 당하지만은 않겠지요? 중간상인이 말하는 이야기가 참인지 거짓인지 금방 가릴 수 있으니까요. 그러나 이렇게 혼자 떨어져 있는 농부들은 정보가 없어 자주 당하고만 살게 돼요.

이제는 속지 않아요

공정무역 단체들은 이런 농민들이 서로 정보를 교환하고 힘을 합할 수 있는 모임을 만들도록 도와줘요. 바로 농민들이 직접 참여하는 단체나 회사를 세우는 것이랍니다. 그러나 농사만 짓던 농부들이 어느 날 단체를 설립하고 조직을 만드는 일은 절대 쉽지 않아요. 공정무역 단체들은 이들을 위해 행정 절차를 돕고 법률 문제를 자문해 주고 각종 정보를 제공해 주지요. 누구나 처음부터 잘할 수는 없어요. 그래서 농민이 이런 일을 배워 갈 수 있도록 교육 프로그램도 만들어 진행한답니다.

실제로 농민이 단체를 만들고 나면 많은 것이 바뀌어요. 우선 중간상인을 농민이 만든 단체에서 고용할 수 있어요. 대기업 식품 회사를 위해 일하는 것이 아니라, 농부들의 이익을 위해 일하게 하는 것이죠.

예를 들어 농부들이 스스로 회사를 만들면 농사를 짓고 수확해서 가공하는 일까지 할 수도 있어요. 그러면 누군가는 산을 넘고 물을 건너 커피를 모아 와야 하겠지요? 이 일을 잘하는 사람이 있어요. 바로 중간상인이랍니다. 농부들이 만든 회사에서 이 사람을 고용하면 되는 거예요. 중간상인이었던 사람은 다국적 대기업에 자기 이익을 남기고 판매하는 것이 아니라, 농민의 일을 대신 해 주고 월급을 받는 것이죠. 중간상인도 안정적인 수입이 생기니까 좋고, 굳이 고향 사람들을 속여 가며 일하지 않아도 되니 마음도 편안합니다.

이제 농민들이 주인인 이 회사는 수출 업무를 잘 아는 직원을 채용해 외국의 구매자들을 찾고 제품을 홍보하는 일을 합니다. 이럴 때는 공정무역 구매자를 찾으면 더 좋겠지요?

작은 용기가 세상을 바꿔요

농부들이 단체나 회사를 만들었다고 해서 모든 문제가 해결되지는 않아요. 원재료가 완제품이 될 수 있도록 가공하려면 어쩔 수 없이 공장을 만들어야 하는데, 그러려면 큰돈이 들고 기술도 필요해요. 문제는 농부들의 회사가 이런 공장을 처음부터 소유할 수 없고, 소유할 때까지 시간이 오래 걸린다는 점이에요.

제가 방문했던 남아메리카 파라과이의 사탕수수 농부들의 이야기를 잠깐 해 볼까요?

파라과이는 내륙 국가로 광활한 평야가 끝도 없이 펼쳐진 아름다운 나라예요. 산이 거의 없어서 아득히 펼쳐진 지평선 위로 막히는 것 하나 없이 시원한 곳이지요. 콩, 사탕수수, 참깨, 면화 등이 잘 자라는 전통적인 농업 강국이며, 이를 기반으로 축산업도 발전하고 있어요.

제가 방문했던 곳은 수도 아순시온에서 약 3시간 정도 떨어진 작은 시골 마을의 '만두비라 농산업 협동조합'이에요. 이곳에는 2003년까지 사탕수수를 납품할 가공 공장이 인근에 딱 한 곳밖에 없었어요. 가공 공장은 사탕수수를 설탕으로 만드는 곳인데, 농장과 공장이 너무 멀리 떨어져 있으면 운송비가 많이 들지요. 그러니 거래 조건이 다소 안 좋더라도 가까이 있는 곳과 거래를 할 수밖에 없게 돼요. 그러다 보니 가격을 결정하는 것은 늘 공장 쪽이에요.

당연히 사탕수수 가공 공장은 시세보다 매우 낮은 가격에 사탕수수를 매입하곤 했어요. 농부들은 공장에 하소연했어요. 다른 지역과 비슷한 수준의 값을 쳐 달라고 했지만, 공장은 쉽게 가격을 올려 주지 않았어요. 공장은 농부들이 사탕수수를 납품할 곳이 마땅히 없다는 것을 잘 아니, 값을 올려 줄 필요가 없었지요.

크게 실망한 농민들은 곰곰이 생각했어요. "어떻게 하면 공장 주인을

설득해서 제값을 받을 수 있을까?" 농민들은 모여서 여러 번 의논했고 드디어 결론을 내렸답니다.

"우리 모두 그 공장에 사탕수수를 납품하지 맙시다!"

사탕수수를 납품하지 않는다면 농부들은 당장 생계가 어려워져요. 사탕수수 농사만 짓는데, 제철에 팔지 못하면 줄줄이 문제들이 이어지지 않겠어요? 그러나 농부들은 다른 사실도 알고 있었어요. 설탕 공장 역시 설탕을 만들 원료인 사탕수수가 없으면 설탕을 생산하지 못한다는 것을요.

그러면 결국 공장은 문을 닫아야 해요.

이 일은 제법 싱겁게 끝이 났어요. 불과 2주일 만에 가공 공장은 기존 가격보다 30% 높은 가격에 사탕수수를 사겠다고 항복했어요.

한 번도 단체 행동을 해 본 적이 없는 시골의 농부들이 협동조합을 만들어 함께 힘을 모으니 놀라운 변화가 생겨난 거예요. 만두비라 조합 사람들은 이 기적을 "달콤한 혁명(Sweet Revolution)"이라고 부른답니다.

콕, 짚고 넘어가요!

사탕수수에서 설탕까지

사탕수수는 말 그대로 길쭉하게 생긴 갈대 같은 식물이에요. 그걸 배에 실어 수출할 수는 없어요. 배에 실어 이동하는 동안 사탕수수 대가 마르고 썩기 때문이에요. 따라서 공장에서 가공해 설탕으로 만들어야 합니다. 먼저 사탕수수를 잘게 부순 뒤, 즙을 짜고 이것을 정제하면 '원당'이 돼요. 이 원당을 다시 화학적으로 정제하면 비로소 '설탕'이 되죠.

원당은 수입 관세가 3% 내외지만, 설탕은 30%가 넘어요. 따라서 우리나라 제당 회사들은 원당을 수입해, 한국의 가공 공장에서 설탕을 만들어 시장에 팔아요. 설탕의 관세가 높은 이유는 국내 제당 산업을 보호하려는 것이랍니다. 그런데 국내에는 설탕 회사가 딱 3개밖에 없어요. 도대체 누구를 보호하려는 것인지 알쏭달쏭합니다.

값진 승리의 경험

저는 만두비라에서 생산한 질 좋은 원당(설탕의 원료)을 구매하기 위해 이 지역을 방문했었어요. 조합의 의장이자 당시 총파업을 주도했던 아길레라 씨를 만나, 이렇게 놀라운 협상을 어떻게 이뤄 냈는지 물어보았어요. 아길레라 씨의 대답은 다음과 같이 길게 이어졌지요.

"1999년인가, 독일의 공정무역 단체에서 이 지역을 방문한 적이 있었어. 우리에게 처음으로 공정무역이 무엇인지 알려 주었고, 원당 공장과 협상하면 달라진다는 이야기를 했지. 처음엔 그 의미를 몰랐어. 그런데 그 독일 단체에서 3일짜리 협상 과정 연수에 참여할 수 있도록 나를 독일에 초청해 준 거야. 연수 후, 내 머릿속에 남았던 단어는 딱 하나야. 윈(win)-윈(win) 전략. 협상하면서 가격을 부를 때, 상대도 조금은 물러설 여지를 남겨 두는 것이지. 그래도 우리 생각보다 더 높은 가격을 받을 수 있었지. 그 이후에 조합에서 유기농 농법을 도입하자고 할 때가 있었어. 유기농 농법으로 농사를 짓고 인증을 받으면 좋은 가격에 팔 수 있지만, 농가별로 장부와 데이터를 관리할 게 많으니 보통 손이 가는 게 아니야. 그리고 인증을 받는다고 반드시 그 가격에 팔린다는 보장도 없었고. 그래서 모두가 안 된다는 거야. 가격 싸움에서는 이겼지만 이것은 쉽지가 않다면서. 나는 사람들을 설득했고, 시간이 걸리기는 했지만 결국 유기농 재배에 성공해 지금은 유기농 설탕을 생산하게 됐지. 그래서 좋은 가격을 받으면서 더 안정적인 판로를 확보할 수 있게 됐어. 다음에 또 다른 도전 과제가 있다면 우리 조합원들이 어떻게 나올까. 바로 도전하겠다고 할까? 우리 농민들에게는 더 많은 승리가 필요한 것 같아. 그래야만 새로운 것에 도전하고, 시장에서 이길 수 있어. 공정무역은 우리에게 그런 승리의 경험을 가질 수 있도록 도와준 셈이야."

만두비라 조합은 현재 설탕 가공 공장을 보유하고, 전 세계 공정무역 단체들과 거래하면서 차분하게 성장해 가는 모범 조합으로 주목 받고 있어요.

더 나은 삶을 위해

선진국의 공정무역 단체들이 영리만 추구한다면 생산자들이 스스로 조직화하는 것을 장려하지 않았을 거예요. 스스로 조직화할수록 가격을 올려라, 제때에 돈을 지급하라 하면서 이러저러한 요구로 귀찮게 할 테니까요. 그러나 공정무역 단체들은 생산자 단체가 우리랑만 천년만년 거래하는 것을 원하지 않아요.

물론 좋은 관계를 유지하면서 오랫동안 거래하는 것도 좋겠지요. 그러나 공정무역의 근원적인 목표는 농부들이 스스로 자립하는 일이에요. 농민들이 조직을 만들어 단결하고 시장가격을 협상하는 능력을 갖도록 도와주고, 그렇게 해서 농민들이 처한 여러 문제를 스스로 해결해 가도록 지원하는 거죠. 그래서 나중에는 지역사회의 현안이나 정부의 농업정책에 이르기까지 농민 스스로 발언하고, 해결할 힘을 갖기를 바란답니다.

공정무역은 커피 한 잔을 팔아 가난한 농부들을 얼마씩 돕느냐의 문제가 아니라, 더 근원적이고 중요한 문제들을 다루고 있다는 사실, 이제 잘 이해했죠?

우리나라의 공정무역

한국에도 공정무역이?

유럽과 북미 등지에서 공정무역 인증 제도를 시작한 뒤로, 기업이 함께 참여하게 되고 소비자의 생각도 많이 바뀌어 공정무역은 큰 성장을 이루게 되었어요. 2014년도의 통계를 보면, 세계 74개 나라에서 150만 명의 농부들과 노동자들이 공정무역에 참여하고 있다고 해요.

이들은 1,210개의 생산자 조직을 중심으로 활동하며, 125개 나라에 제품을 수출하고 있어요. 이런 흐름이 세계 각지로 전파되면서 한국에서도 2000년대 초반부터 공정무역 운동에 관심을 두게 되었고 실제로 참여하는 단체들이 생겨났어요.

한국에서는 2002년, 재활용 자선 가게인 '아름다운가게'에서 공정무역을 연구하기 시작했어요. 국내 최초로 수공예품을 수입하면서 공정무역 사업을 시작했고, 커피 등으로 품목을 넓혀 갔어요.

이 일이 커지자 2014년에 재단법인을 따로 만들어 '아름다운커피'를 설립했고, 현재는 우리나라 공정무역을 대표하는 단체로 성장하고 있어요.

공정무역의 문을 연 '아름다운가게'

한국에서 다루는 품목들도 다양해져서 초창기 커피, 초콜릿, 올리브유, 수공예 소품 등에 머물던 것이, 이제는 인스턴트커피, 견과류, 원당, 화장품, 의류, 장난감, 보석류 등 생활에 친근한 소비재들로 점점 확산되고 있어요.

유통 방법도 많이 발전했어요. 초창기엔 주로 온라인 쇼핑몰과 직영 매장에서 판매했어요. 그러나 이제는 카페, 사회적 기업 전용 매장, 할인마트, 홈쇼핑, 백화점 등 다양한 판매처에서 더 많은 고객을 만나기 위해 애쓰고 있어요.

초창기 한국의 단체들은 공정무역의 선진국이라 할 수 있는 영국, 독일, 미국 등지의 선배 공정무역 기관을 찾아가 사업의 노하우를 배우고자 애썼어요. 처음에 사업을 시작할 때는 어떤 생산자의 물건을 어떻게 구매하는지도 잘 몰랐기 때문에 선배 단체들이 추천하는 생산자들과 거래를 시작했어요. 그리고 어느 정도 거래가 안정되면 더 어려운 생산자들을 찾아내어 거래할 수 있는 단계까지 끌어올리는 기술 교육이나 조직 역량 강화 등의 프로그램을 지원하는 방식으로 점차 발전해 갔어요. 성공적인 캠페인 사례도 배우고, 국가별 공정무역 단체 연합회 설립이 중요하다는 것도 알게 되었죠. 사람들의 생각을 바꾸고 윤리적 소비 시장을 넓혀 가는 방법도 배웠어요.

그리고 각각 단체별로 이루어지던 해외 교류 협력 사업도 2012년부터는 한국공정무역단체협의회 차원에서 함께 하기 때문에 더 많이 배울 수 있었답니다.

콕, 짚고 넘어가요!

공정무역이 잘되려면 교육이 중요해요

생산자 단체나 협동조합이 조직되어 있다고 해서, 처음부터 공정무역 거래를 할 만한 능력을 갖추기는 어렵습니다. 친환경 농작물을 기르는 방법이나 더 좋은 품질을 수확할 방법을 모른다면 물건을 사 줄 수가 없겠지요. 특히 수공예품은 시장의 변화, 소비자의 욕구 등을 파악해야만 '팔릴 만한 제품'을 만들 수 있어요. 이런 역량을 갖추려면 그것을 만들어 낼 수 있는 기술을 배워야 해요. 그래서 공정무역에선 생산자가 좋은 품질의 농작물이나 수공예품을 만들 수 있도록 하는 기술 교육을 중요하게 생각합니다.

특히 2014년에는 '세계공정무역기구 아시아 콘퍼런스'를 서울에서 개최하게 되면서, 한국은 아시아 공정무역 생산자들로부터 많은 기대를 받게 되었어요. 빈곤 국가가 많은 아시아에는 일찍이 수공예품을 생산, 판매하는 단체들이 많았고, 이들은 오랜 시간 유럽과 미국의 공정무역 단체들과 거래를 해 왔어요.

그런데 한국이 윤리적 소비국으로 떠오르고, 각 자치단체까지 나서 공정무역 활성화를 위해 애쓰고 있으니, 새로운 시장으로 관심을 받게 된 것이죠. 앞으로 이런 아시아 국가들과의 협력과 연대도 공정무역 업계의 중요한 과제가 될 거랍니다.

아시아에서 존경받는 착한 나라

공정무역 단체가 필요한 이유는 분명합니다. 무엇보다도 '빈곤한 생산자들에게 힘을 주는 것(Power to the People)'이라고 할 수 있어요. 저개발 국가에 있는 생산자 단체들은 바로 거래를 추진할 수 있을 정도로 준비된 곳이 있는가 하면, 거래의 의지는 있으나 사전 준비 작업이 필요한 곳도 많아요. 그래서 공정무역 단체들은 이런 의지가 있는 곳들과 준비 작업부터 함께 하는 개발 협력 프로그램을 운영하기도 해요.

피스커피의 '동티모르 재건 복구 프로그램', 아름다운커피의 '네팔 커피

협동조합 비즈니스 역량 강화 사업', 기아대책의 '인도네시아 커피 마을 만들기' 등이 그런 프로그램들이에요. 이러한 단체들은 현지에 사무소를 열고 한국 직원을 파견하여, 현지 조직의 역량을 강화하는 교육 훈련 프로그

램 등을 병행하죠. 또한 최신식 생산 기계나 시설에도 투자해서 농부들이 더 좋은 품질의 작물을 재배할 수 있도록 돕고 있어요.

현재 아시아에서는 한국과 일본, 홍콩, 타이완, 싱가포르 등 매우 소수의 나라가 공정무역에 참여하고 있어요. 앞으로 인도, 베트남, 중국 등의 윤리적 소비 시장이 어떻게 열릴지에 따라서 공정무역 소비국이 더 추가될 수도 있지요. 아시아의 발전을 위해 앞으로 한국이 해야 할 일이 많아 보여요. 그만큼 이 글을 읽는 여러분이 해야 할 일이 많다는 뜻이기도 하답니다.

기업의 참여가 꼭 필요해요

앞에서 공정무역 인증에 대해 함께 알아봤어요. 한국에서는 인증 마크가 아직 잘 보이지 않아요. 어떤 소비자들은 "인증 마크가 없으면 공정무역 제품이 아니다."라고 알고 있는 경우도 있는데, 반드시 그런 것은 아니에요. 수공예품에는 아직 국제페어트레이드상표기구(FLO) 인증 기준이 없어 인증 마크 자체를 붙일 수 없는 경우도 있고요. 생산지에서 인증을 받았지만, 판매 단체 사정상 제품에 인증 마크를 붙이지 않는 경우도 많아요.

공정무역이 발전하려면 인증 제도가 제대로 이뤄져야 해요. 그래야 영리 기업이 공정무역에 더 많이 참여할 길도 열리게 되거든요. 앞으로는 소비자들이 점점 더 많은 공정무역 제품을 찾게 될 텐데, 인증 마크가 없다면 홍보하기가 어려울 테니까요.

공정무역 인증 제도를 먼저 도입한 영국이나 유럽의 나라들을 보면, 그 나라 대기업의 참여를 잘 이끌어 내고 저개발 국가 생산자들과 활발히 거래할 수 있도록 열심히 돕고 있어요. 실제로 대기업의 참여도 매년 늘고 있죠.

그렇다면 유럽의 대기업들이 이윤을 포기하면서 이런 일에 울며 겨자 먹기 식으로라도 참여하는 이유는 무엇일까요? 유럽인들은 아프리카 사람

콕, 짚고 넘어가요!

아름다운커피

아름다운커피는 한국의 대표적인 공정무역 단체예요. 2002년 아름다운가게 기획실에서 처음 시작했으며, 2003년부터 저개발 국가 생산자 단체의 수공예품을 수입해 판매했지요. 2006년엔 네팔 커피 '히말라야의 선물'을 시장에 내놓으면서 농산물 분야에 진출했고, 페루, 우간다 등지와도 거래를 넓혀 갔어요.

아름다운커피는 다양한 전문가들의 재능 기부로 소비자들에게 사랑 받는 제품을 출시하며, 공정무역의 의미를 알려 나갔어요. 또한 한국에서 가장 먼저 공정무역을 시작했다는 자부심으로 국제 개발 협력도 새롭게 추진해 나가고 있어요. 특히 네팔 커피 농부들이 만든 협동조합과 여러 가지 일을 해 가며 모범적인 동반자 관계를 발전시켜 가고 있답니다. 그리고 앞으로 이러한 관계를 10개 나라 이상에서 맺는 것을 목표로 삼고 있어요.

아름다운커피가 여러분과 하고 싶은 것은 "세상을 바꾸는 1%가 되는" 것이랍니다.

들을 노예로 만들고, 여러 나라를 식민지로 만들었던 역사를 부끄러워하기 때문이에요. 그래서 아프리카가 저개발과 빈곤의 고통에 시달리는 것에 책임감을 느끼는 거예요.

유럽의 소비자들은 저개발 국가를 돕는 개발 협력 사업을 잘 이해하고 있고, 이런 취지로 만든 공정무역 제품을 기쁜 마음으로 사서 쓰죠. 따라서 기업이 이런 일에 도움을 주지 않는다면, 장기적으로 소비자에게 사랑받는 기업이 될 수 없습니다.

그러나 한국은 그런 정서가 조금 부족해요. 유럽처럼 개발 협력 사업에 대한 인식이 아직 두텁지 못하고, 이를 기반으로 한 공정무역의 역사도 길지 않지요. 우리나라 기업도 아직은 적극적으로 참여하지 않고 있고요.

그래서 우리나라는 아직 갈 길이 멀어요. 공정무역의 발전을 위해서는 각자의 자리에서 우리 모두 노력해야만 해요.

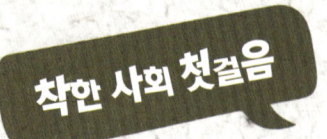

공정무역은 어떻게 농부들을 도울까요?

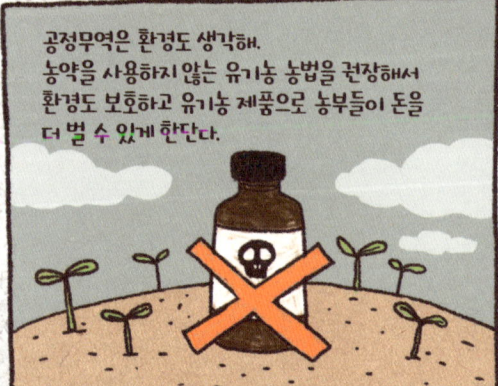

착한 사회를 만들어 가는 공정무역

공정무역은 단지 농산물을 제값에 구입해 주는 일만 하지 않아요. 농민들이 조합을 만들어 자신들의 목소리를 낼 수 있도록 돕고, 기술 교육 등을 통해 스스로 문제를 해결할 힘을 길러 줘요. 그렇게 가난한 나라의 농부와 노동자에게 자립할 기회를 제공해요.

그리고 공정무역은 가난한 나라의 농산물을 무조건 싸게만 사려고 하는 다국적기업의 횡포를 막고, 농민들이 일한 만큼 잘살 수 있도록 불공정한 무역구조를 조금씩이나마 고쳐 나가요.

또한 친환경 농사법을 권장해서 지구 환경을 보호해요. 농약과 화학비료를 쓰시 않는 지구가 덜 아프겠죠. 또 그렇게 생산된 친환경 농산물을 먹는 소비자, 우리의 건강도 훨씬 좋아진답니다.

제 3 장

공정무역 '짱'이네요!

공정무역은 단순한 원조가 아니에요. 원조는 한 번에 끝나지만, 공정무역은 지속 가능한 발전을 목표로 삼아요. 열심히 일한 사람이 더 많은 부를 가질 수 있도록 공정하게 거래하는 것도 중요하지만, 힘없는 이들이 스스로 자립할 수 있도록 도와야 진정한 공정무역이 될 수 있겠지요?

첫 번째 원칙
대화

공정무역의 원칙이란?

공정무역에 오랫동안 헌신해 온 사람들 덕분으로 공정무역은 점점 발전해 왔어요. 시민 단체의 참여도 늘어나고 일반 시민들의 호응도 점차 좋아졌어요. 그러자 일반 기업들도 공정무역에 관심을 갖기 시작했어요. 공정무역에 참여하면 기업의 이미지가 좋아지기 때문이에요.

그러나 공정무역이 아닌데도 공정무역처럼 포장하는 사람들도 생겨났어요. 그래서 공정무역이란 어떠해야 하는지 정확한 정의를 내릴 필

최저 가격 보장

공정무역 거래의 가장 중요한 원칙이에요. 시장가격은 수요와 공급에 따라 결정돼요. 그러나 농작물은 자연재해 같은 위험이 항상 따르기 때문에 농민들이 손해를 볼 일이 많아요. 그래서 공정무역 거래에서는 시장가격이 폭락한 상황이라도, 생산자들이 최소한의 생계를 유지할 수 있도록 현지의 물가를 반영해 최저 가격을 보장한답니다.

요가 생겼답니다.

예를 하나 들면, 공정무역은 원산지의 생산자들과 거래하면서 최저 가격 보장*과 공동체 발전 기금(소셜프리미엄)* 채택을 반드시 실천해야 해요. 그뿐만 아니라 공정무역에선 지켜야 할 약속들이 더 많이 있어요. 이를 정의하고 원칙화하지 않으면 매번 이 사람이 옳다 저 사람이 옳다 하면서 그 기준이 서로 달라질 수 있어요. 그렇게 되면 큰 문제가 생길 수 있지요.

이런 문제를 막기 위해 대표적인 공정무역 기구인 세계공정무역기구(WFTO)와 페어트레이드인터내셔널(FI)은 오랜 토론을 통해, 2009년 다음과 같이 공정무역을 정의하는 데 이르러요.

"공정무역은 대화와 투명성, 존중을 바탕으로 공평하고 정의로운 국제 무역의 동반자가 될 것을 약속합니다. 특히 경제 발전의 혜택으로부터 소외된 저개발 국가의 생산자와 노동자들에게 더 나은 거래 조건을 제공하고 그들의 권리를 보호해, 지속 가능한 발전에 이바지합니다."

> **• 소셜프리미엄**
>
> 공정무역에서는 생산자가 속한 지역공동체의 발전을 위한 별도의 기금을 지불해요. 이것을 '소셜프리미엄'이라고 불러요. 이 돈은 생산자들이 민주적 절차를 통해 어디에 어떻게 쓸지를 결정해요. 학교나 병원을 지을 수도 있고 마을의 공동 우물을 팔 수도 있어요. 이런 일을 스스로 결정하게 되면 마을이 더 많이 발전하겠지요?

대화란 이해하려는 태도와 노력

참, 아름다운 말이죠. 이 원칙들이 뜻하는 바가 무엇일까요? 어떻게 거래를 하라는 뜻일까요? 제값 주고 거래하면 되는 것 아닌가요?

거래가 이뤄지려면 팔려는 사람과 사려는 사람이 만나서 이야기를 시작해야 해요. 상대가 가진 것은 무엇인지, 내가 줄 수 있는 것은 무엇인지, 더 나아가 한번 거래를 시작하면 오래갈 수 있을지 등등, 거래를 시작하기 전에 양측 모두 검토하고 생각해 봐야 할 것들이 많이 있어요.

이런 거래가 같은 언어를 사용하는 하나의 국가 안에서, 또는 비슷한 문화권에서 일어나는 일이라면 그나마 쉽게 진행되기도 해요. 거래하는 사람들 간에 공유하는 부분이 많아서 길게 이야기하지 않아도 쉽게 이해할 수 있는 것들이 많기 때문이에요. 예를 들어 한국에 있는 기업끼리 거래한다면 이렇게 되겠죠.

"당신 공장에 우리가 주문 넣으면 생산하는 데 며칠이 걸리고 배송엔 며칠 걸립니까?"

"아, 그건 이렇고 저건 저렇고 하니…… 가만 보자…… 정확하게 보름 뒤에 가져다줄 수 있습니다."

"알았습니다! 그럼 부탁합니다."

이렇게 일이 쉽고 빠르게 진행되겠죠. 물론 중간에 작은 사고가 생길 수도 있지만, 같은 곳에 비슷한 수준으로 사는 거래 당사자들은 서로 쉽게 이해할 수 있어요. 그래서 협의하고 대책을 마련하면서 일을 추진해 나갑니다.

그런데 언어와 문화가 다른 나라와 거래하는 것은 어떨까요? 문화가 다르다는 것은 기본적으로 생각하는 방식(논리)이 다르다는 뜻이에요. 통역하는 사람이 있다고 해서 다 이해되는 것은 아니에요.

상대의 편이 되어 주는 것

2012년 제가 네팔에 커피를 구매하러 갔을 때의 경험이 떠오르네요.

출장 기간은 2주 정도로 정해져 있고, 짧은 시간에 많은 것을 파악해야 하는 저는 마음이 급했어요. 길이 좋고 교통이 발달한 나라에서 2주 출장은 긴 시간일 수 있습니다만, 네팔 같은 산악 국가에서 도로라는 게 좋을 리 없으며, 갑자기 산사태라도 나는 날에는 도로가 막혀 아무 일도 못 하기 일쑤거든요. 그래서 바로 농민 조합의 임원들과 앉아서 구매 협상을 하고 싶었고, 이걸 빠르게 진행하고 싶은 마음에 자료들을 많이 준비해 갔답니다.

그런데 제가 도착하니, 손님이 왔다며 큰 환영 행사를 열어 주는 게 아니겠어요. 검은 얼굴에 눈이 맑고 잘생긴 마을 어른들이 나와 이마에 붉은 점을 찍어 주고 환영하는 꽃목걸이를 걸어 줬어요. 액운을 쫓고 복을 받으라는 전통 행사였어요. 게다가 커피를 사러 온 사람이라고 커피 열매를 엮어 목걸이를 만들었는데 이게 꽤 무게가 나가더라고요.

그러고 나서 의자에 앉아 있으니, 마을 어른들이 한 사람씩 일어나 인사말을 시작했어요. 아이들은 행사장 뒤편 건물 뒤에 숨어서 구경하고, 허름한 휴대전화라도 가진 사람은 외국인인 저희 일행을 연예인 대하듯 사진을 찍는 거예요. 처음엔 따뜻한 햇볕이 좋았지만, 그늘도 없는 곳에서 얼굴은 점점 따갑고 꽃목걸이 주변으로 나비와 벌레들이 정신없이 날아다니기 시작했어요. 그중에 몇 놈은 벌써 옷 안으로 들어가기도 했고요.

이곳은 깊은 산중이라 해가 늦게 뜨고 빨리 떨어져요. 해 뜨는 시간부터 움직여 목적지에 도착해서, 이렇게 환영 행사를 치르고 나니 점심 먹고 이야기 좀 하려 하면 벌써 해가 기웁니다. 도로에 가로등 같은 것은 아예 없고, 길옆은 바로 천 길 낭떠러지고요. 밤에는 이동이 매우 어려워서 오후 3시쯤 되면 숙소로 돌아갈 채비를 해야 해요.

'하루를 버렸네.' 하면서 숙소로 돌아가려고 하면, 순박한 얼굴의 농부들이 와서 "우리 집에 가서 커피 밭 좀 같이 봐요." "우리 집에서 찌아(홍차) 한잔 먹고 가요."라며 옷깃을 잡아끕니다. 한국이라는 먼 나라에서 온 외지인에게 이분들은 해 주고 싶고, 보여 주고 싶은 것이 너무 많아요. 첫 번째 아저씨네 집에 가서 커피 밭을 보면 그 옆집 아저씨네 집도 가서 봐야 하고, "좋은 커피"라며 과장해서 감탄도 하고, 칭찬도 해 드려야 해요. 그러면 아저씨는 자기 커피 밭에 쓰는 비료가 얼마나 친환경적인지 또 한참

자랑을 해요. 어른 말씀하시는데 말도 끊을 수 없으니, 열심히 맞장구를 치면서 잘 들어 드려야죠.

가는 집마다 주시는 찌아도 외지인이 왔다고 얼마나 설탕을 듬뿍 넣어 주시는지요. 네팔에서는 단 음식을 귀한 음식으로 생각하거든요. 남김없이 먹다 보면, 다음 날 바지 입기가 힘들 정도로 배가 나온답니다.

며칠 이렇게 끌려다니다 보니 계약서를 써야 하는데 막상 구매의 '구' 자 이야기도 못 꺼낸 꼴이 되었어요.

그러고는 계약해야 하는 날이 다가왔어요. 그런데 아주 간단히 끝났답니다. 왜냐고요? 그분들이 농사지을 때 겪는 여러 가지 어려움을 쉽게 이해할 수 있게 됐기 때문이에요. 비록 끌려다니긴 했지만 여러 농가를 방문하면서 자연스레 이해하게 된 것들이 있었어요.

'길이 이렇게 험하니, 당연히 가공 공장까지 옮기려면 힘이 무척 들겠구나. 게다가 이렇게 먼 길을 왔다 갔다 하는 농부들이 조금이라도 시간을 아끼고 싶으니, 빨갛게 익은 열매만 따는 것이 아니고 슬쩍슬쩍 덜 익은 열매도 따서 조금이라도 빨리 수확을 끝내고 싶어 하는구나. 높은 산을 타고 위태로이 서 있는 전봇대에 가늘게 매달린 전깃줄은 끊어지기 쉽고, 그래서 전기가 이유 없이 안 들어와 기계를 돌려야 하는 가공 작업을 기약 없이 멈출 수밖에 없구나.'

저는 현장의 실제 모습을 이해하게 됐고, 그분들이 처한 현실을 무시할 수는 없었어요. 상황에 맞는 조건을 서로 받아들여야 좋은 거래가 이뤄질

수 있다는 것도 배웠답니다.

제가 생산지를 방문하기 전에는 한국의 사무실 책상에 앉아 '가공 공장에서 기계를 돌려야 하는데 전기가 없다.'는 말을 이해하지 못했어요. '커피를 수송하려고 차를 보내서 싣고 오면 하루가 걸린다.'는 말을 도통 이해하지 못했답니다. 그런데 농부들과 그 지역을 한 바퀴 돌아보니, 나라가 가난하고 행정력이 취약해 전기와 길이 부족한 이 열악한 동네에서 커피가 자라 한국까지 오는 일이 기적이라는 것을 알게 됐어요.

대화의 시작은 차이를 인정하는 것

대화에는 여러 가지 방법이 있는 것 같아요. 말로도 하고, 글로도 할 수 있어요. 서로 만나서 충분히 설명하고, 듣고, 묻는 과정을 반복하는 것도 방법이에요. 그런데 무엇보다 중요한 것은 상대방을 이해하려는 태도와 노력을 보이는 거예요.

한국 사람이 사는 수준으로 개발에 이르지 못한 나라의 사람들, 따라서 우리가 경험하지 못해서 알지 못하는 그 사람들과 '선의'만으로 관계를 맺을 수는 없어요. 우리가 하려는 것은 거래이고 비즈니스이기 때문이에요. 그러나 상대를 이해하려는 쌍방의 노력이 없다면, 우리가 그들을 이해하지 못하는 만큼 그들 또한 우리를 이해하지 못할 수 있어요. 그래서 우리의 편견 때문에 저개발 국가 사람들을 쉽게 불신하는 것처럼, 그들 역시 우리의 선의를 전혀 다른 방향으로 오해할 수도 있다는 말이죠.

그러나 서로의 차이를 인정하고 조금 더 '공정한 세상'을 만들기 위해 힘을 합쳐 노력하기로 했다면, 먼저 노력해야 하고 먼저 이해하려고 애쓰는 사람은 그래도 잘사는 나라의 사람들이어야 하고 이것이 우리의 책무가 아닐까 합니다. 큰 차이를 넘어서 특별하고 정의로운 거래에 이른다는 것, 정말 많은 대화와 노력이 필요할 수밖에 없겠지요?

두 번째 원칙
투명성

누가 봐도 깨끗하게

'판매하는 사람'과 '구매하는 사람' 사이에 누가 더 힘이 셀까요? 요즘 '갑을 관계'라는 말도 많이 하듯이 거래 관계에서 양측이 같은 힘을 갖기란 거의 불가능해요. 조직이 탄탄하게 이뤄진 기업을 상대로 힘이 없는 농부가 홀로 싸워 이기기란 여간 어려운 일이 아니에요. 만약 이것이 쉬웠다면, 공정무역은 존재하지 않았을지도 모르겠어요.

공정무역의 거래는 처음에 어떻게 시작될까요? 생산자들이 자발적으로 단체를 만들어 선진국의 공정무역 구매자를 찾을 때도 있어요. 반대로 선진국의 개발 협력 활동가들이 생산자를 찾아가 단체를 만들도록 도와줄 때도 있어요.

그런데 농부들을 찾아다니며 조합 가입을 권하고, 기술 교육이나 의식 개선 교육 등 어엿한 단체가 될 때까지의 모든 과정이 사실은 '돈'이랍니다. 이렇다 보니 자발적으로 단체를 조직하지 않고 밖에서 온 손님들이 도와줄 때는 여러 어려움이 생겨나요.

공정무역 거래에서 구매자들(선진국의 공정무역 단체)은 이런 문제점을 잘 알고 있어요. 저 역시 거래를 위해 생산지에 방문할 때, 겸손하게 자세를 낮추고, 잘 경청하고, 그렇게 생산자의 입장에 서기 위해 노력해요. 그러나 저 또한 구매자이기 때문에 이 관계에서는 힘이 있는 사람이 될 수밖에 없어요. 제가 소속한 단체에서 커피를 사지 않는다면 생산자들은 당장 판로가 없어져요. 그러면 거래 협상에서 당연히 구매자인 제가 우위를 차지하게 되죠.

그렇다면 생산자들이 새로운 구매자를 찾으면 그만 아닌가요? 이렇게 질문할 수도 있어요. 그러나 국제무역에서 외국의 구매자를 찾는다는 것이 그렇게 말처럼 쉬운 일이 아니랍니다. 어떻게 운이 좋아서 다른 구매자를 찾는다 해도 새로운 구매자가 원하는 물량을 공급할 만한 생산력을 갖추지 못한다면 다시 제자리로 돌아오고 말아요.

이런 상황에서 세계시장의 커피 가격, 커피의 품질 등 거래에 필요한 기초적인 정보를 더 많이 알고 연구하는 쪽은 당연히 구매자겠죠. 우리에게는 정보에 접근하는 것도, 전문가를 찾아가 자문을 얻는 것도 다 가능한 일입니다만 저개발 국가의 농부들에겐 참 어려운 일이에요.

강자가 약자의 편에 서는 것

제가 2013년 여름, 한국의 커피 전문가를 네팔에 초청해 커피 품질 교육을 진행한 적이 있었어요. 좋은 가격을 받을 수 있는 좋은 커피가 무엇인가를 알아야 협상할 때 유리할 테니까요. 제가 속한 단체에서 커피 교재도 미리 준비해서 네팔어로 번역해 책자도 만들고, 여러 가지 커피 도구들도 가져가 전시했어요.

한국에서야 쉽게 볼 수 있는 것들이고 관련 책자도 서점에서 쉽게 구할 수 있지만, 네팔 농부들의 반응은 달랐어요. 교육에 참가한 네팔 농부들은 도구 하나하나를 유심히 관찰하고 서로 토론했어요. 한 여성 참가자는 "네팔어로 된 컬러 커피 교재는 처음"이라며 한 장 한 장 모두 카메라로 찍기도 했어요.

생산자들은 늘 이렇게 불리한 위치에 처해 있어요. 우리에게 쉬운 것이 그들에게는 아주 많은 노력을 해야만 얻을 수 있는 것들이에요. 그래서 이런 생산자들을 보호하기 위해 공정무역에선 생산자에게 불리하지 않도록 "투명성"이라는 장치를 두라고 주문하는 것이랍니다.

정보 공개의 원칙을 지켜요

거래에서 투명성을 가지라는 것은, 거래하는 양쪽 모두 필요한 정보를 숨기지 말고 공개하라는 뜻이에요. 그 누가 봐도 감춰진 정보가 없이 깨끗하게 거래를 하라는 뜻이지요.

예를 들어 공정무역에 참가하는 농부들은 다른 나라의 농부들이 얼마의 가격을 받는지 매우 궁금해해요. 각 나라의 생산자들이 처한 처지, 품질, 시장가격이 다르다 보니 당연히 값이 다르게 정해지지요.

그러니 네팔 커피 농부들은 우리 단체가 페루나 우간다 커피 농부에게 혹시 더 높은 가격을 주는 건 아닌지 매우 궁금해했어요. 저한테 제일 많이 하는 질문도 네팔 이외의 다른 커피 생산 국가를 가 본 적이 있는지, 그들의 커피는 네팔의 커피와 어떻게 다른지 하는 것이었어요.

특히 제가 "페루나 우간다 커피는 네팔 커피보다 품질이 더 좋다."고 이야기하면, 생산자들은 걱정스러운 눈빛으로 "우리 네팔 커피가 다른 나라의 커피보다 나쁜가?"라고 직접 묻기도 해요.

다른 나라 커피 품질이 우수하다는 것이 사실이라고 해도, 제가 그 사실을 과장해서 말할 수도 있어요. 그러면 커피 가격을 조금이라도 낮출 근거가 되지요. 그러나 그러면 안 되겠죠?

투명성이라는 것은 정보를 이런 식으로 써먹지 말라는 거예요. 서로 다르게 가격이 정해진 이유를 객관적으로, 누가 들어도 고개를 끄덕일 만하게 설명하지 못한다면 그건 투명하지 못한 거예요. 그래서 앞에서 언급한 '커피 품질 교육'은 커피 품질을 소비자의 요구에 맞게 개선하기 위해서도 중요하지만, 품질과 가격이 어떤 기준으로 정해지는지 서로 이해하는 과정이므로 매우 중요해요.

커피는 맛을 보고 그 점수를 매겨 좋은 품질을 선별하는 방법이 세계적으로 잘 정리되어 있어요. 그래서 "다른 곳의 커피는 그 기준으로 몇 점인데, 네팔 커피는 몇 점이라서 가격이 각각 이렇게 책정되는 것이다." 하고 알려 준다면, 그만큼 투명해지는 거랍니다.

항상 투명성을 점검하는 것도 잊지 않아요

생산자들은 대부분 선진국의 커피 소비 시장을 경험한 적이 없어요. 그래서 생산지에서 거래되는 커피 가격과 선진국의 카페에서 파는 커피 한 잔의 가격이 왜 그렇게 큰 차이가 나는지 이해하지 못해요. 바른 공정무역 단체라면 이 과정도 자세히 설명해 주어야 하겠지요. 그래야 서로 믿고 더 나은 미래를 위해 나아갈 수 있으니까요.

끝으로, 투명성을 갖춘다는 것은 매우 어려운 일이어서 항상 점검하고 스스로 돌아봐야 해요. 그래서 다른 단체에 부탁해 '우리가 정말 투명하게 사업을 하는지 좀 살펴봐 달라.'고 부탁을 하기도 해요. 이를 '감사(監査)'라고 하지요. 대표적으로 플로서트(FLOCERT, 공정무역 상표 인증 기구)라는 곳에서 감사를 진행해요. 이 기구는 전문가들을 보내 이런 과정을 돕기도 하죠. 그리고 우리 스스로 공정무역의 원칙이 항상 잘 지켜지도록 점검하는 것도 잊지 않고 있어요.

세 번째 원칙 존중

전통과 문화를 무시하지 않아요

　공정무역 생산지를 방문해 보면 고개를 갸우뚱할 때가 있어요. 언젠가는 가서 보니 밭에서 일하는 분들이 전통 의복을 입고 일을 해요. 우리로 치면 한복 같은 것이지요. 그것도 남자들은 다 서구식으로 옷을 입었는데 여자들만 그 나라 전통 의복을 입고 일을 하고 있었죠. 왜 저렇게 불편한 옷을 입고 일할까 의아했어요.

　네팔에서 오래 머물 때의 일이었어요. 생산자 조합 사무실에 회의하러 가면 음료나 간식을 가져다주시는 분이 있었어요. 그분의 일이라는 게 음료나 간식을 가져다주거나 간단한 심부름을 하는 것이 다예요. 옷차림도 남루하고 손도 더러운데, 간식을 준비한다고 이리저리 음식을 만질 때는 저도 사람인지라 생각이 복잡해졌어요. 저는 속으로 '협동조합이 저 사람 인건비만 아껴도 이익을 더 내겠다.'는 생각을 하곤 했어요.

그러다 나중에 한 가지 사실을 알게 됐어요. 심부름하는 그 아저씨는 네팔에서도 최하층 계급 사람이고, 약간의 장애가 있어서 어지간해서는 일자리를 구하기가 어려운 분이었어요. 게다가 자기 밭도 너무 작아서 근근이 가족과 끼니 정도만 때운다는 사실을요. 그래서 조합에서 일부러 일자리를 만들어 일감을 주고 월급도 주었던 거예요.

저는 아차 싶었어요. 저의 짧은 생각이 부끄러워졌어요. 오히려 이곳에선 사회적 약자를 보호하는 자신들의 원칙이 있었던 거예요. 제 편견 때문에 이곳 사회의 문화와 전통을 존중할 마음이 없었던 거죠. 여성들의 전통 의복도 그랬어요. 집에서 일할 때, 집에서 쉴 때, 행사에 참가할 때 입는 옷이 다 다른데, 외국인인 제 눈에는 똑같은 전통 의복으로 보였던 거예요. 나중에 일할 때 입는 옷은 저도 입어 봤는데, 정말 편안하더라고요.

나만 옳은 법은 없어요

공정무역이 아무래도 어려운 지역의 커피 농가들과 일을 많이 하다 보니 어떻게 하면 생산성을 향상할 수 있을까, 어떻게 하면 농부들이 더 쉬운 방식으로 일할 수 있을까를 많이 생각하게 돼요. 그래서 국내외의 전문가들을 만나 자문하기도 하고, 선진화된 생산지에 가서 커피 산업을 둘러보기도 했어요. 좋은 것이 있으면 저희가 거래하는 공정무역 커피 생산지에도 적용해 보려고요.

그러면 대부분 제초제(농약)나 화학비료를 써라, 밭을 넓혀라, 기계를 사용해라 하는 등의 조언을 해 주었어요. 그런데 제초제나 화하비료를 쓰려면 돈이 많이 들어요. 기계를 쓰자니 전기 시설이 부족해 막상 어렵게 기계를 설치해도 무용지물일 때가 많아요. 밭을 늘리자니 당장 먹고살 기초작물을 심어야 해서 커피 경작지를 더 늘리기도 어렵고요.

그러나 제가 다녀 본 어떤 지역에선 생산성을 높이는 것이 전부는 아니라는 것을 배울 수 있었어요. 한번 생각해 볼까요. 제초제를 쓰지 않으면 유기 농산물 인증을 받을 수 있어요. 전기가 부족해 기계를 쓰지 못하니, 커피콩을 분류하고 포장하려면 일손이 많이 필요하고 그러면 지역사회의 일자리가 늘어나요. 어떤 지역 농부들은 지방자치단체를 찾아가 공유지나 국유지에 커피 농사를 지을 수 있도록 땅을 임대해 달라고 요청했어요. 그러고는 그 땅에 지역의 최하위층 계급이나 과부 등 가난한 사람들이 우선 농사지을 수 있도록 해 주었지요.

선진국형의 개발 방법도 있지만, 저개발 국가 사람들이 그들의 문화에 맞게 개발하는 좋은 방법도 있는 셈이에요. 이런 일에선 어떤 한 가지가 무조건 옳다고는 할 수 없어요.

시원하게 뚫린 아스팔트 도로는 차가 쌩쌩 달려서 좋지만, 우리에겐 천천히 걸으며 마음을 정화하는 정겨운 오솔길도 필요해요. 모든 길을 아스팔트 길로 바꾸자는 것도, 모든 길이 오솔길이었으면 좋겠다는 것도 다 잘못된 생각이에요. 서로 각자의 역할이 따로 있으니까요.

그렇듯 효율성의 이름으로만 돌아가지 않는 사회, 전통의 지혜와 가치들로 돌아가는 사회도 분명히 필요합니다. 무조건 서구의 방식이 옳지는 않다는 것, 지역마다 문화의 가치를 소중히 여기는 것이 공정무역의 또 하나의 얼굴이라는 점을 기억해야 해요.

동반자 정신이 필요해요

현재 전 세계적으로 저개발 국가에 사는 사람들이 처한 여러 어려움을 해결하려는 다양한 프로그램이 진행되고 있어요. TV에서도 많이 보았겠지만 깨끗한 물이 부족한 나라에 가서 우물도 파 주고, 필요한 시설물도 세워 주고, 때로는 그런 시설들을 잘 운영할 수 있는 기술 교육을 제공하기도 해요.

이런 프로그램에서 혜택을 받는 사람들을 "수혜자"라고 해요. 마을에 우물이 하나 생기면 아이들이 물통을 지고 멀리 물 뜨러 가는 시간과 노력을 절약할 수 있어요. 그 시간에 뛰놀며 공부할 수 있지요. 이때 수혜자는 아이와 엄마가 될 것이고, 그 우물을 이용하는 마을 주민들이 되겠지요. 그래서 우물을 만들어 주는 사람들은 '우물 하나에 몇 명이 수혜를 볼 수 있을까?'를 중요하게 생각해요. 이 관계는 원조를 제공하는 쪽이 있고 그 원조를 받는 쪽이 있는 한 방향의 관계입니다.

그러나 공정무역에서 말하는 '동반자 관계'는 이것과는 조금 달라요. 그것은 서로 대등한 입장에서 책임을 지는 관계예요. 한 방향의 원조가 아니라 내가 하나 주면 너도 하나 주는, 비즈니스의 관계이기 때문이죠.

농부는 좋은 물건을 만들고 구매자는 그것을 제값에 사는 관계는 서로 이익을 나누는 관계예요. 그래서 여기에는 책임이 뒤따르지요. 그러면 그 책임이란 무엇일까요?

동정하거나 무시하지 않아요

한번은 우리가 거래하는 페루의 농부들이 커피를 보내왔는데, 아무래도 맛이 예전과 다르고 커피 품질도 좀 떨어져서 걱정이 됐어요. 틀림없이 계약할 당시엔 이 정도로 나쁜 등급이 아니었는데 신뢰 관계에 금이 가는 건 아닌지 마음속에서 의심도 생겼어요. 게다가 납품 날짜까지 어겼답니다. 예정보다 커피가 늦게 도착했죠.

수십 차례 메일과 전화를 주고받은 끝에, 우리는 페루 커피 농가에 병충해가 생겨 이만저만 고생이 아닌 것을 알게 됐어요. 이 병의 이름은 로야(Roya)였는데, 커피 나뭇잎에 곰팡이가 생기고 이 곰팡이가 바람에 실려 다른 나무로 옮겨 가는 전염병이에요. 곰팡이가 핀 나뭇잎은 광합성을 하기 어려워 커피나무의 영양 상태를 떨어뜨리지요. 이러니 커피 열매도 작고 수확된 커피도 맛이 밋밋합니다. 한번 이 전염병이 돌면 통제가 거의 불가능하고, 회복하는 데도 아주 오랜 시간이 걸린다고 해요.

이런 상황에서 그나마 저희의 물량을 맞추기 위해 적은 수확량의 커피를 놓고, 일일이 수작업으로 커피를 가공했다는 사실도 알게 됐어요. 그래서 인건비를 주고 나면 남는 것도 별로 없게 된 실정이었지요. 그래도 그쪽 조합 처지에선 우리 쪽이 오래된 고객이다 보니, 이 고객을 놓치고 싶지 않아서 어려움을 겪으면서도 최선을 다했던 거예요.

저희가 품질이 조금 떨어지는 커피를 구매해 입은 손실보다 생산자 단체의 손실이 더 크다는 것을 깨닫는 데는 오랜 시간이 걸리지 않았어요. 저희에게 그 커피는 여러 품목 중의 하나였지만, 생산자에게 그 커피는 현금을 벌 수 있는 거의 유일한 수단이니까요.

어려움은 함께 나눠요

공정무역 단체라면 이런 재난 앞에 취약한 농부들의 사정을 생각해 이런 일로 생산량이 떨어지는 경우, 생산 단가를 더 높게 쳐주어 농부들이 크게 손해를 입지 않도록 도와줘야 해요.

2015년 4월 25일, 네팔에 큰 지진이 일어난 일 기억하고 있나요? 저희 단체가 커피를 구매하던 지역의 커피 마을도 지진으로 집이 무너지고 밭이 갈라지는 끔찍한 재해를 입었어요.

문제가 심각했지요. 어떤 농가에서는 가공을 마친 커피를 보관하고 있었는데, 지진으로 커피 창고가 무너지고 큰비가 오면서 커피를 모두 버리게 됐어요. 저희는 선급금으로 이미 커피값을 절반 넘게 지급했는데, 커피를 받을 길이 막막해진 상황이었어요.

제가 속한 단체는 어떻게 대응해야 할지 회의를 많이 했어요. 우리는 네팔 커피 생산지의 재건 사업에 온 힘을 합치기로 뜻을 모았어요. 그리고 네팔 커피 농부들이 계약 물량을 다 채우지 못한다 하더라도 책임을 묻지 않기로 했어요.

물론 우리 단체도 적지 않은 손해를 보았어요. 그러나 언젠가 커피 농장들이 복구되고 네팔 생산지에서 여유가 생긴다면, 그리고 그때 저희가 어떤 어려움을 혹시 겪는다면, 그땐 네팔의 커피 농부들이 저희를 도와주지 않을까 기대해요!

"달면 삼키고 쓰면 뱉는다."는 말, 알고 있지요? 공정무역은 쓰다고 무조건 뱉지 않아요. 왜 쓴지, 올해는 어떤 어려움이 있었기에 약속한 날짜를 어기고 품질이 떨어졌는지 함께 고민해요. 함께 해결책을 찾고 필요한 훈련과 기술을 제공하기도 하죠. 품질이 나쁜데도 '불쌍하니까' 하고 물건을 사 주면 그건 '자선 무역'입니다. 계약을 어겼다고 상대측의 설명을 들어 보지도 않고 거래처를 바꾼다면 그것은 '자유무역'이지요.

공정무역은 당장 눈에 보이는 이익보다는 미래의 풍요로움을 함께 나누고자 노력하는 올바른 '동반자 관계'를 고민한답니다.

네 번째 원칙
권리 보호와 지속 가능한 발전

필리핀에서 일어난 비극

필리핀 파나이 섬에는 사탕수수 농부들과 함께 공정무역 운동을 펼쳐 나가는 파나이공정무역센터(PFTC)가 있어요. 이 센터는 현재 6개의 원당 가공 공장을 운영하면서 전 세계의 공정무역 조직들과 활발히 거래하고 있지요. 유기농 설탕과 바나나칩은 한국에서도 구할 수 있을 정도로 유명 상품이기도 해요.

이곳에 공정무역센터가 없었을 때는 밭을 빌리는 임대료도 턱없이 비쌌고 설탕(원당) 가공 공장도 지주들 것이어서, 농부들은 힘들게 농사만 짓고 돈은 지주들만 벌어 가는 꼴이었어요.

그러나 공정무역을 실천하는 센터가 생기고 나서 농민들은 센터에 사탕수수를 팔아 정당한 대가를 받을 수 있게 됐어요. 소득이 늘어 임대료 걱정을 안 해도 되니 농사할 맛이 났지요.

더 좋은 것은 외국의 공정무역 단체들의 도움을 받아 설탕 가공 공장을 센터에서 직접 세운 일이에요. 여러분, 사탕수수와 설탕 중 어느 것이 더 비쌀까요?

경제학에서는 사탕수수와 같이 수확한 농산물을 1차 제품이라 부르고, 그 사탕수수를 원료로 삼아 가공 공장에서 만든 설탕을 2차 제품이라 불러요. 1차 제품과 2차 제품의 차이는 뭘까요? 사탕수수 막대기로는 할 수 있는 것이 별로 없지만, 설탕이 필요한 곳은 정말 많아요. 필요한 곳이 많다는 것은 그 물건이 '가치'가 있기 때문이에요. 그래서 경제학에서는 1차 제품이 2차 제품으로 변할 때 생기는 가치를 '부가가치'라고 해요. 산업사회에서 부가가치는 대부분 '공장'에서 만들어집니다. 사탕수수가 설탕 공장을 거치면 부가가치가 높아져 사탕수수보다 훨씬 더 비싸게 팔려요. 그렇게 판 돈을 농민 조합원에게 나눠 주니 소득은 훨씬 더 올라가게 되지요. 더불어 땅이 없어 농사를 짓지 못하는 사람들은 공장에 취직할 수 있게 된 것도 좋은 일이에요.

농민들은 환호했어요. 센터는 농민의 자립을 돕는 한편, 지역사회의 환경에 악영향을 주는 대형 댐 건설과 같은 문제에도 발 벗고 나서서 반대했어요. 그렇게 약한 사람들의 권리를 보호했어요.

그러나 안타깝게도 예상치 못한 일이 벌어졌어요. 2014년 3월 15일, 마을의 한 시장에서 오토바이를 탄 2인조 괴한이 이 센터의 의장이자 지역의 리더인 로메오 씨를 저격한 거예요. 사회가 불안정한 필리핀에서 볼 수 있는 '정치 테러'였죠. 대중에게 '나도 저렇게 될 수 있다'는 메시지를 전달하며 극단적 공포감을 주는 거예요. 한마디로 그동안 농민을 착취해 왔던 기득권 세력이 "까불지 말라"고 경고한 셈이었죠.

공정무역이 옹호하려는 인간의 권리는 아주 기본적인 거예요. 그러나 정치적으로 민주주의가 더디게 발전하고, 경제적으로 불평등한 저개발 국가에서 권리를 보장 받기 위해 싸움을 한다는 것은 굉장한 도전이기도 해요. 공정무역을 통해 "약한 자들에게 힘을 주는 운동"을 실천하려 했던 로메오 씨는 부자들의 기득권을 지키려는 사람들, 약자의 권리를 무시하는 사람들에게 이렇게 어처구니없게 당하고 말았답니다.

가난한 노동자의 권리도 보호해요

공정무역은 노동자의 권리에도 민감해요. 공정무역은 주로 힘없는 농민이나 농민의 단체와 일하지만, 농업 노동자들을 고용한 기업형 '대농장' 같은 곳과 일하기도 해요. 대농장과 일하면 공정무역의 이익이 모두 농장주에게 가지 않을까 하는 걱정도 있지만, 대농장과 일하지 않고서는 자기 땅마저 없는 노동자들과 함께 일할 방법이 없어요. 이들이야말로 사회적으로 더 약한 사람들인데 말이에요.

대농장이 공정무역을 하려면 여러 가지 원칙을 지켜야 해요. 먼저 노동자 스스로 자신들의 권리를 대변할 노동조합을 만들 수 있어야 해요. 그리고 이 노동자 단체와 고용자 측이 함께 '위원회'를 구성해 노동 조건, 복지, 임금 등의 주요한 결정을 할 때 의견을 나눌 수 있어야 한답니다. 무엇보다 임금은 국제노동기구*의 최소 기준을 지켜야 하죠. 구매자가 추가로 지급하는 공동체 발전 기금은 회사의 통장이 아닌, 노동자 단체의 통장으로 직접 입금되어 그들이 사용할 수 있어야 해요.

일단, 이런 기준이 한번 정해지면 최소한의 노동자 권리는 지켜져요. 그러나 그 권리를 정말로 잘 행사하려면 많은 노력이 필요해요. 노동자뿐만 아니라 고용주도 그 필요성을 잘 알아야 하기에 정기적으로 교육 프로그램도 진행하죠.

노동자 단체가 처음부터 잘할 수도 없을뿐더러 서로 다른 사람들이 모인 곳이니 원하는 것도 저마다 달라요. 그러다 보면 일이 잘 안되고 삐걱대기도 하지요. 그런 과정을 겪으며 서로 의견을 모아 더 좋은 길을 찾아가는 과정이 필요해요. 이것이 바로 민주주의의 연습이에요.

이렇게 공정무역은 농민이나 노동자가 자기 권리를 지키고 더 나은 삶을 살아가도록 그들의 단체를 지원한답니다.

> **국제노동기구**
>
> 국제노동기구(International Labor Organization, ILO)는 1919년에 설립한 국제연합 기구예요. 세계 각 나라에서 '노동의 안전, 자유, 평등'이 지켜지도록 노력하는 곳이지요. 노동 기본권, 고용, 사회보장, 사회 협력과 같은 분과를 운영하고 있답니다. 우리나라는 1991년에 가입했어요.

미국의 착한 커피 아저씨

제가 만났던 아주 멋진 사람을 한 명 소개할까 해요. 미국 아저씨인 릭 페이저 씨예요. 이 아저씨는 아주 오래되고 제법 규모가 큰 커피 회사인 그린 마운틴 로스터에 다닙니다. 회사에서 홍보 담당자였던 아저씨는 자기 회사의 커피를 잘 홍보하기 위해 애썼어요. 게다가 직접 중남미 나라의 커피 생산지를 방문해, 커피 뒤에 숨겨진 생산자의 노력을 알리기 위해 애썼던 사람이에요. 생산지의 농부들이 좋은 커피를 기를 수 있도록 기술 교육도 지원했으며, 농부의 자녀들에게 장학금도 후원했어요.

그러던 어느 날, 지금까지 회사에서 지원한 프로그램이 어느 정도 효과가 있었는지 알아보기 위해 설문지를 만들어 여러 농가를 방문했어요. 아저씨는 정말 놀라운 사실을 발견하게 되었어요. 최고의 커피 품종을 길러 내 공정무역보다도 높은 가격을 받는 농부들이, 정작 1년에 두세 달은 먹을 것이 충분치 않아 고통받고 있다는 사실을 말이에요. 중남미의 커피 생산지들은 식민지 시대부터 커피를 기르기 시작해, 어쩔 수 없이 계속 기르게 된 곳이 대부분이에요. 너무나 오랫동안 커피만 기르다 보니, 커피 말고 다른 작물을 기를 수 없게 된 거예요. 그래서 우리나라의 옛날 보릿고개처럼, 이 나라 사람들도 '굶주림의 계절'이라는 것을 겪기도 해요. 아저씨가 거래하는 지역도 마찬가지였지요.

아저씨는 이런 상황을 보고 돌아와, 주변의 커피 구매자들에게 알리고 기금을 만들어 새로운 지원 프로그램을 만들었어요. 바로 커피 농장에다가 텃밭을 가꾸는 사업을 벌인 거예요. 그 기후에 잘 클 수 있는 작물의 종자를 고르고 농사법을 알려 주어 커피 농부들이 자기 먹을 것을 기르게 했지요.

그렇게 되면 커피 밭이 줄어들어 내다 팔 커피의 양도, 아저씨가 수입할 커피의 양도 줄어들게 돼요. 그러나 아저씨는 그것에 크게 신경 쓰지 않았어요. 오히려 그 땅에 채소나 곡물 등을 길러서 당장 굶주리지 않기를 바랐지요. 그 농사가 잘되면 동네 시장에 내다 팔아 돈을 벌 수도 있게 했어요.

지속 가능한 발전이란?

자, 그럼 이렇게 질문하는 사람이 있을 거예요.

"가난한 나라의 농부들이 공정무역에 참여하면 더 높은 가격을 받으니, 그 돈으로 식량을 사고 오히려 커피 농사만 더 잘 지으면 되지 않아요?"

좋은 질문이에요. 그러나 한 가지 문제가 있어요. 세계시장에서 커피 가격은 주기적으로 폭락과 폭등을 반복하기 때문에 커피로 돈을 버는 때가 있으면, 반드시 손해를 보는 때도 있어요. 그리고 병충해나 장마 같은 자연재해 때문에 어느 해엔 커피 농사를 망칠 수도 있고요. 그래서 여러 상황에 대비하는 것이 농부 입장에서는 훨씬 좋아요.

가난한 사람일수록 크고 작은 문제가 생겼을 때를 대비해 그것을 이겨 내고 앞으로 나갈 힘을 길러야 해요. 그것을 어려운 말로 '지속 가능한 발전'이라고 해요. 릭 페이저 씨처럼 공정무역 활동가들은 커피 농가와 그 사회의 지속 가능한 발전을 위해 노력한답니다.

아직은 갈 길이 멀어요

요즘 공정무역에서 '지속 가능한 개발'로 논쟁 중인 품목이 몇 가지 있어요. 바로 케냐의 꽃과 볼리비아의 퀴노아라는 작물이에요.

케냐의 아름다운 꽃은 영국 사람들이 참 좋아해요. 그것도 공정무역으로 거래하니 케냐의 농부들에겐 고마운 수입원이에요. 그런데 수출이 잘 되자 이 꽃을 키우느라 물을 너무 많이 사용해, 인근 지역의 물이 부족할 지경이 됐어요.

공정무역으로 살림살이가 나아지는 것은 좋은데, 이런 형태라면 문제가 조금 있겠지요? 또 꽃은 비행기로 수출해요. 그래서 석유를 너무 많이 쓰는 것 아니냐, 차라리 영국과 가까운 네덜란드에서 수입하는 게 낫지 않겠느냐고 주장하는 사람들이 생겨나기 시작했어요. 네덜란드는 튤립의 나라로, 화훼 산업이 발달한 곳이라는 것을 여러분도 아실 거예요.

그러나 추운 네덜란드에서 꽃을 키우려면 온실을 사용해야 하고 이 온

크고 작은 문제에 대비해 이겨 나갈 수 있는 힘을 기르는 지속 가능한 발전에 대해 항상 고민해야 해요!!

실을 유지하는 데 들어가는 석유 자원 또한 만만치 않지요. 그러니 딱 떨어지는 답은 없는 것 같습니다.

볼리비아 농민의 곤란한 상황

이번엔 퀴노아 이야기를 해 볼게요. 퀴노아는 남미의 볼리비아 고산에 살던 사람들이 먹던 주식이에요. 우리에겐 쌀과 같은 곡물이지요. 사람이 다 살게끔 되어 있는지, 식물이지만 고산지대의 황무지에서도 적은 양의 물로 잘 자라는 고단백 식품이에요. 그러니 늘 먹을 것이 부족하던 볼리비아 산악의 사람들에게는 너무나 좋은 먹을거리였던 셈이지요.

그런데 약 30여 년 전부터 이 식품이 유럽에 알려지게 돼요. 우리나라에도 웰빙 바람이 불었듯이 유럽에도 이 식품이 "기적의 음식"으로 알려지면서 인기가 폭발했어요. 당연히 볼리비아 사람들은 퀴노아를 많이 재배해 수출하기 시작했어요. 공정무역 인증을 받은 퀴노아도 생겨났고요.

그러나 많은 사람이 너도나도 퀴노아를 재배하면서 지역 경제는 퀴노아에만 의존하게 되고, 원주민들은 퀴노아를 수출하느라 정작 본인들은 영양가 낮은 값싼 음식을 먹게 됐어요. 과연 이런 작물에 공정무역의 이름을 붙여 선진국에 윤리적 상품으로 판매하는 것이 맞을까요? 그렇다고 볼리비아 고산지대에서 어렵게 살아가는 사람들에게 유일한 소득원인 퀴노아 농사를 짓지 말라고 하는 것이 맞을까요?

이것도 여러분이 함께 생각해 볼 문제랍니다.

생산지의 지속 가능한 개발을 두고 많은 논쟁이 있어요. 앞의 사례에서 보았듯이 딱 떨어지는 답을 찾기는 참 어려운 일이에요. 공정무역은 식량 주권을 지키고 환경을 보호하는 일을 중요하게 생각해요. 그래야 지속 가능한 발전의 기틀이 마련되니까요. 그래서 늘 생산자 단체와 머리를 맞대고 고민하고 있답니다.

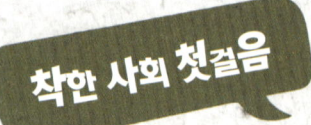

히말라야의 아이들을 만나다

여기는 네팔 중서부 산간지역, 공정무역 커피 납품 마을. 아름다운 자연도 명품이지만

진짜 명품은 마을 입구까지 마중 나와 손을 흔들어 주던 아이들이죠.

전, 업서라예요.

웃음이 예쁜 '업서라'라는 아이는 과일을 깎아 주곤 했어요. '업서라'는 네팔어로 '천사'를 뜻한답니다.

그런데 이런 네팔에 큰 지진이 일어났어요. 우리 천사들의 얼굴에 다시 웃음꽃이 피려면 얼마나 많은 시간이 걸릴까요?

히말라야에 웃음을

마음 착한 히말라야의 아이들이 사는 네팔에 2015년 4월 큰 지진이 일어났어요. 아름다운커피와 공정무역 거래를 해 온 신두팔촉 지역은 네팔에서도 가장 큰 피해를 입었지요. 자연재해를 당하면 가장 힘들고 고통받는 사람은 그 사회의 '약자들'이에요. 어린이, 여성이 무척 힘들게 된답니다. 안전한 식수와 음식, 의약품 등이 부족한 상황에서 어린이들은 병에 걸리기 쉽죠. 집과 밭이 다 파괴된 이곳이 다시 일어서려면 얼마큼의 시간이 걸릴까요. 공정무역은 이렇게 예고 없이 찾아오는 자연재해에도 슬기롭게 대처해 가야 해요. 그래서 아름다운커피는 피해를 입은 농부들이 자신감을 찾고 농사를 다시 지을 수 있도록 여러 방면에서 돕고 있답니다. 조금만 지나면 히말라야에서 재배된 맛있는 커피를 다시 먹을 수 있고, 그러면 히말라야 아이들의 얼굴에도 다시 웃음꽃이 피어날 거예요.

카카오 농장과
초콜릿

공정무역

검은 황금,
커피

평화로운 땅을
지옥으로 만든 설탕

맛있는 바나나에
어린 땀방울

눈물로 얼룩진
하얀 황금, 면화

제 4 장

내 책가방 속의
공정무역

공정무역으로 만날 수 있는 물건에는
어떤 것이 있을까요? 초콜릿, 커피, 설탕,
바나나, 면화 등은 우리 생활 속에서
쉽게 만날 수 있는 공정무역 품목이에요.
그렇다면 왜 우리는 이런 품목을
꼭 공정무역으로 구입해야 할까요?

카카오 농장과 초콜릿

공정무역은 가까이에 있어요

현재 공정무역으로 거래되어 시장에 나온 상품의 품목은 3만여 개 정도 된다고 해요. 그 제품들이 오늘도 전 세계 125여 나라에서 판매되고 있어요.

그중에서도 교역량이 많은 제품에는 어떤 것들이 있을까요? 이 책을 잘 읽어 왔다면 아마 다 알고 있을 거예요. 바로 열대지방에서 재배되는 농산물이면서 그 가공품은 선진국에서 주로 사서 먹는 품목이랍니다. 커피, 카카오(초콜릿), 사탕수수(설탕) 등이에요.

이들 품목은 유럽의 신대륙 발견 이후, 식민지 시대와 제국주의 시대를 지나면서 생산과 소비가 늘어난 농작물이에요. 가난한 나라에서 재배되어

부자 나라에서 소비되는 품목이기도 하고요. 따라서 거대 다국적기업에서 아주 오래전부터 시장을 장악하고 있는 분야이기도 해요.

다국적기업의 최대 목표는 싸게 사서 비싸게 파는 거예요. 그래서 열대 저개발 국가에서 생산되는 농산물을 더 싸게 사다가 가공해 선진국에서 비싸게 팔려고 노력하지요. 이런 과정에서 저개발 국가의 어린이들이 노동에 동원되기도 해요. 인건비가 싸기 때문이에요.

공정무역은 그러한 문제점을 고치려고 시작한 운동입니다. 다국적기업과는 달리, 공정무역의 목표는 정당한 값을 주고 농산물을 구입해 정당한 가격에 팔아 생산자와 소비자 모두를 이롭게 하는 거예요.

그런데 이렇게 '무역'이라는 거창한 단어가 붙으니 어려운 외국어를 능통하게 하는 어른들만 하는 운동으로 생각하기 쉽겠지요. 그러나 공정무역은 바로 여러분 가까이에 있어요. 조금만 주위를 살펴보면 우리의 생각보다 훨씬 더 쉽게 공정무역 활동에 참여할 수 있어요.

어떻게 할 수 있을까요? 한번 알아볼까요.

피와 눈물로 만든 초콜릿

공정무역 생산품 중 청소년들이 가장 쉽게 접할 수 있는 품목은 바로 '초콜릿'이 아닐까 해요. 카카오를 원료로 하는 초콜릿의 역사는 기원전

1000년경으로 거슬러 올라가요. 멕시코에서 재배를 시작했고, 마야와 아스테카 문명에서는 왕족과 신을 위한 음료로 쓰였지요.

그러다가 1502년 콜럼버스의 신대륙 발견으로 유럽에 소개된 뒤로 초콜릿은 유럽 귀족들에게 큰 인기를 얻게 돼요. 카카오가 큰 돈벌이의 대상이 된 거예요. 유럽인은 라틴아메리카에 카카오 대농장을 만들어 카카오를 재배하기 시작해요. 그런데 유럽인이 라틴아메리카를 침략하면서 많은 사람을 죽였고, 게다가 유럽인이 옮긴 병균에 면역력이 거의 없던 많은 이들이 전염병으로 죽어서 라틴아메리카엔 농장에서 일할 일꾼이 턱없이 부족했어요.

그러자 유럽인들은 상상도 못할 나쁜 짓을 저지르지요. 바로 아프리카에서 사람을 잡아다가 배에 짐짝처럼 싣고 라틴아메리카로 데려와 노예로 부리기 시작한 거예요. 17세기부터 시작된 아프리카의 노예사냥으로 아프리카의 원주민은 말로 표현할 수 없는 고통을 겪게 됩니다. 그게 다 초콜릿이나 설탕 때문이었다니 지금으로선 참 말문이 막힐 지경이지요.

그렇게 라틴아메리카의 대농장에서 흑인 노예들의 노예노동으로 생산된 카카오는 유럽으로 수출되어 팔려 나갔어요. 그러나 초콜릿은 처음부터 여러분이 생각하는 그런 초콜릿은 아니었어요. 카카오 열매를 갈아서 각종 향신료에 섞어 만든 음료수 형태였죠. 아주 달지는 않았고 약간 텁텁한 맛이었어요. 그러나 과학기술이 발전하면서 1828년 네덜란드의 한 과학자가 카카오에서 버터를 분리하는 기술을 개발했고, 드디어 본격적인 판형 초콜릿을 만들 수 있게 되었어요. 1875년에는 우유를 가공한 전지분유를 넣어 밀크 초콜릿도 만들 수 있게 되었고요. 그다음부터 초콜릿은 전 세계 어린이들이 가장 좋아하는 간식거리가 되었지요.

카카오가 이렇게 잘 팔리자 원래 라틴아메리카에서만 자라던 카카오를 기후 조건이 비슷한 아프리카나 인도네시아 등에 옮겨 심어 재배하기 시작했어요. 생산량이 늘면서 귀족의 사치품이던 초콜릿은 점점 평범한 시민 모두가 즐길 수 있는 기호 식품이 되었어요. 특히 네덜란드, 미국, 독일 등 유럽과 북미의 선진국에서 초콜릿을 가장 많이 수입해요.

너무나도 힘든 카카오 농사

오늘날 전 세계적으로 5천만 명에 가까운 사람들이 카카오 재배와 가공 분야에 종사해요. 전체 생산량의 90%는 550만 명의 영세한 농부들이 재배하고요. 나머지 종사자 중에서도 1천500만 명의 사람들은 무척 가난하답니다.

그러나 지난 수십 년간 카카오 산업은 매년 성장해 왔어요. 국제코코아기구(ICCO)에 따르면 2009년 196만 톤이던 카카오 생산량이 2019년에는 296만 톤으로 늘었어요. 가나와 코트디부아르의 카카오 생산량은 10년 만에 50%나 증가했고요.

그러나 중국과 러시아 같은 나라에서 초콜릿을 많이 먹기 시작했어요. 이들 나라는 인구가 워낙 많아서 수입하는 물량도 어마어마하답니다. 그렇다고 새로 농장을 만들 곳도 마땅치 않아요. 게다가 세계 카카오 시장의 70%를 담당하는 아프리카의 가나와 코트디부아르와 같은 기존 생산지에서는 나무가 너무 노쇠해 생산성이 떨어지고 있죠. 이런 추세라면 카카오의 수요는 공급을 앞지르게 됩니다.

그렇다면 현재 카카오를 생산하는 농부들이 돈을 많이 벌 것 같은데, 그게 그렇지가 않아요. 그것은 다국적기업인 초콜릿 회사 때문이에요. 이 기업들이 오래전부터 현지에서 카카오 원료를 워낙 싸게 사들였기 때문에 자신들이 파는 초콜릿 가격은 올려도 카카오 가격은 올려 주지 않아요. 이윤을 많이 남기기 위해서요.

그래서 아프리카의 많은 농부가 카카오 농사를 포기하기도 해요. 차라리 도시로 나가 노동자가 되는 것이 더 나으니까요. 이런 어려운 상황에서 자연스럽게 대농장 운영자는 '어린이들을 유인해 헐값 노동이라도 시키자.'는 유혹에 빠지고 만답니다. 어떻게든 생산 단가를 낮추어 이윤을 높여 보려는 생각이지요. 그 옛날 유럽인들이 아프리카인들을 노예로 납치해 왔던 것과 같은 이치예요.

카카오는 수확부터 가공할 때까지 참으로 잔손이 많이 가는 작물이에요. 카카오 열매를 따서 반으로 쪼개 카카오 씨만 따로 모은 후, 발효 탱크로 옮겨 최소 3일에서 길게는 일주일간 발효해 과육을 제거해요. 이후에는 바닥에 펼쳐 놓고 이리저리 쉴 새 없이 뒤집으며 건조해야 해요. 갑자기 비라도 내리면 재빠르게 뛰어가 비닐로 잘 덮어 둬야 하고, 해가 떨어진 후에도 비닐로 덮어 새벽이슬을 맞는 일이 없도록 해야 해요.

대농장에 끌려온 아이들은 이런 카카오의 수확과 가공 공정에 보호 장비도 없이 투입됩니다. 크게 다치는 아이들도 많아요. 일을 제대로 못 하면 작업반장에게 맞기도 하고, 제대로 된 임금을 받는 것도 거의 불가능하죠. 학교에 간다는 것은 꿈도 꿀 수 없어요.

다국적기업의 횡포

왜 이런 일이 일어날까요? 선진국의 소비자가 값싸고 양 많은 초콜릿을 원하니, 당연히 초콜릿 회사들은 원재료부터 싸게 사려고 생산지에 각종 압박을 행사한다는 것은 앞에서 말한 대로예요.

그런데 더 나쁜 일은 한 회사가 아니라, 힘센 선진국의 다국적 은행들이 이 일에 앞장선다는 것이죠. 유명한 카카오 생산지인 아프리카의 코트디부아르에서는 농민들이 카카오 농사를 지을 때 정당한 가격을 받으려고 단체를 결성했어요. 그러자 세계적으로 힘이 센 국제통화기금(IMF)이 나서서 가난한 코트디부아르 정부를 압박했죠.

우리나라도 이십여 년 전 IMF 사태를 겪었듯이, 코트디부아르 정부도

IMF에 빚을 많이 지고 있었어요. 그 빚을 무기 삼아 IMF는 코트디부아르 정부에 카카오 농민 단체를 없애다시피 하라고 강요했어요.

원래 이 단체는 자국 수출 작물의 생산량과 판매 물량을 통제하는 기구였어요. 코트디부아르가 전 세계 카카오 생산량의 30~40%를 차지하니, 수출 물량을 하나의 창구에서 단일하게 관리하면, 힘이 생겨서 그 힘으로 농민 편을 들 수가 있어요.

카카오를 초콜릿으로 가공해 세계 각국에 팔아야 하는 네슬레나 허쉬 같은 거대 기업은 이 나라의 카카오를 확보하지 않으면 장사를 할 수 없거든요. 원래대로라면 큰 초콜릿 회사는 당연히 코트디부아르의 카카오 단체에 가서 아쉬운 소리를 해야 해요. 농사를 짓고 카카오를 생산하는 쪽은 코트디부아르의 농민이니까요.

그러자 거대 다국적기업이 IMF를 동원했고, IMF는 "당장 빚을 갚거나 카카오 단체를 없애거나 둘 중 하나를 선택하라."고 협박했어요. 결국 힘에 굴복해 코트디부아르 정부는 이 단체를 해산했어요. 그러자 당장 돈벌이가 급한 민간 업자들이 카카오를 내다 팔기 시작했고, 자기 카카오를 더 많이 팔기 위해 알아서 가격을 내리기도 했어요. 국제시장에서 카카오의 가격이 폭락했지요. 가격이 내려가면 농부들이 피해를 보니, 가난한 농부들은 어린아이라도 데려와서 일을 시키지 않으면 손해를 보고 마는 악순환이 반복되는 거예요.

2008년 한 해 동안 세계 초콜릿 시장의 규모는 750억 달러였어요. 그중

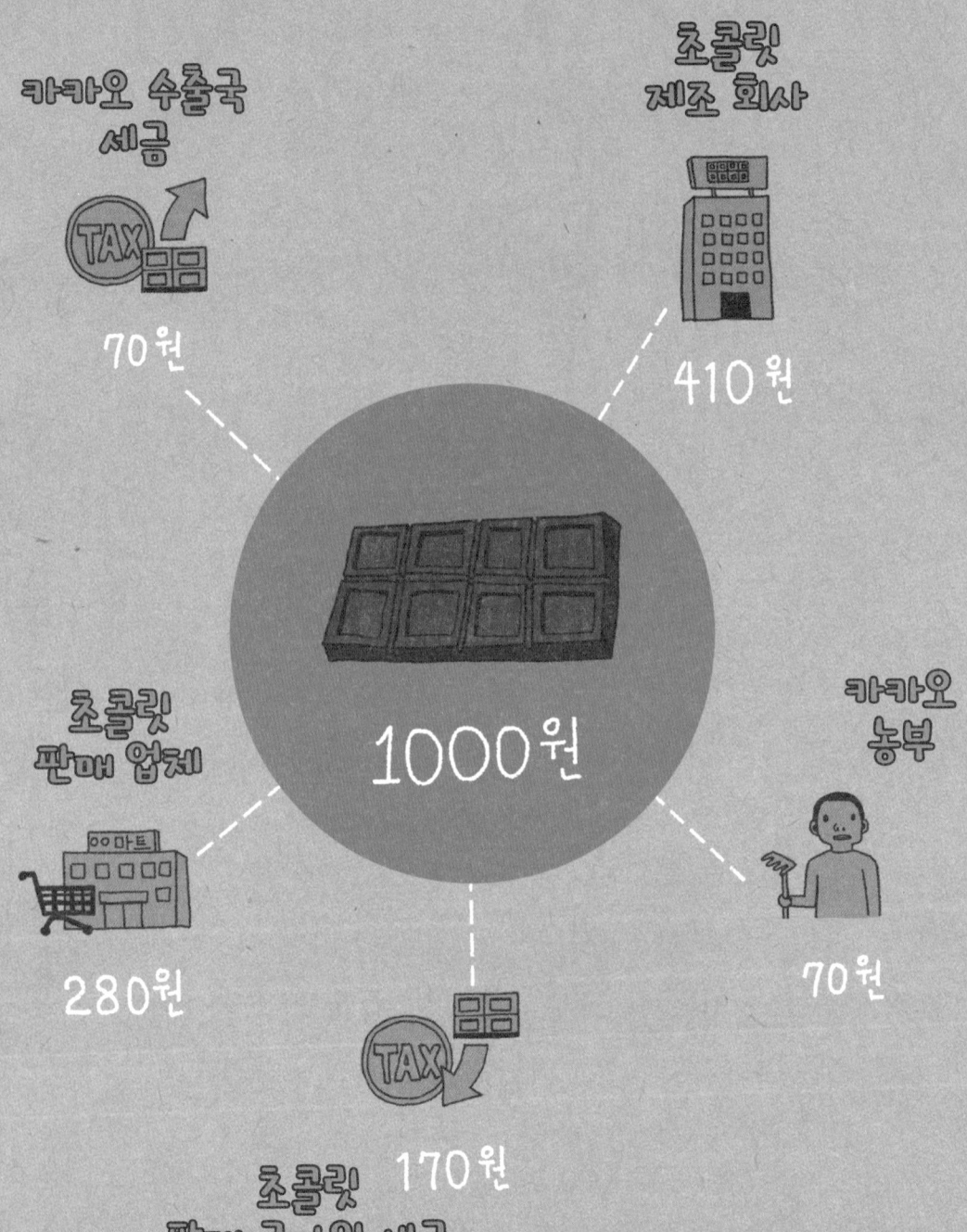

1000원짜리 초콜릿을 만들려면 누가 가장 고생을 할까요.
바로 초콜릿의 원료인 카카오를 재배하는 농부들이에요.
그렇다면 우리가 낸 1000원 중에서 농부들에겐 과연 얼마가 돌아갈까요?
그게 단돈 70원이랍니다. 초콜릿을 진열해서 파는 마트가 280원을 벌고 초콜릿을 만드는 기업에서 410원을 버는데도, 농부는 겨우 70원만 받아 가지요. 이런 불공정한 거래 때문에 오늘도 저개발 국가의 카카오 농민들은 가난에서 벗어나지 못하고 있어요.

에서 대표적인 카카오 생산국인 가나가 벌어들인 돈은 12억 달러뿐이에요. 초콜릿은 카카오로 만드는데, 이건 해도 해도 너무한 일이지요. 그 나머지 돈은 모두 거대 초콜릿 회사들이 거의 공짜로 벌어 가는 것이나 다름없답니다.

카카오 농부들에게 꼭 필요한 공정무역

이런 상황에서 공정무역 초콜릿은 무슨 일을 할 수 있을까요?

공정무역은 생산과정에서 아동노동, 노예노동을 하지 말 것을 강력한 기준으로 제시합니다. 생산지에서 아동노동이 계속되는 것은 카카오의 매입 가격이 생산자에게 충분한 수준의 보상을 제공하지 못하기 때문이에요. 따라서 공정무역으로 충분히 보상받을 수 있다면, 농부들은 굳이 어린이의 노동력을 쓸 필요가 없지요.

물론 공정무역으로 낮은 보상과 불안정한 가격을 단번에 해결할 수 없다는 비판도 있어요. 농부들이 카카오로 돈을 벌어 생산을 위한 품질 관리나 오래된 나무를 교체하는 데 투자할 수 없다면, 카카오 생산은 감소할 수밖에 없어요. 결국 카카오 산업은 침체한다는 거죠.

카카오 산업의 지속 가능성은 카카오 농부들이 안정적인 삶을 누리고 그들의 아이들이 카카오 산업에서 미래를 볼 수 있을 때 비로소 이루어질 수 있어요. 이를 위해서는 카카오 산업의 모든 과정에서 생산자가 더 큰 몫을 가져가는 환경을 만드는 데 함께 노력할 필요가 있어요.

2014년 제가 방문했던 페루의 나랑히요 카카오 협동조합이 생각나네요. 대부분 카카오 조합들은 카카오 원료를 수출하지만, 이 조합은 가공 공장을 만들어 초콜릿까지 제조할 수 있는 기술력을 갖추고 있었어요. 다른 카카오 농장에서도 이처럼 가공 공장까지 갖출 수 있다면 농부들이 훨씬 더 즐겁게 일할 수 있겠지요.

카카오 농부들이 가난에 시달리는 것은 카카오 원료의 가격이 너무 낮기 때문이에요. 카카오 원료로 만든 초콜릿은 비싼데 원료만 싼 것이죠. 그래서 공정무역 단체에서는 카카오 농장 스스로 초콜릿 가공 공장을 짓고 운영할 수 있도록 많이 도와주려 해요.

가공 공장을 운영하려면 공장을 지을 돈이 필요하고, 기계를 운영할 수 있는 기술력도 있어야 하고 공장에서 생산된 초콜릿을 판매할 수 있는 경영 기술도 필요해요. 아, 그리고 이 공장에서 일하게 될 노동자들의 기술 교육도 필요하겠죠. 이런 어려움 때문에 공정무역에 참여하는 협동조합 중에 가공 공장을 운영하는 곳은 전 세계에 단 세 곳밖에 없어요.

제가 방문한 페루의 나랑히요 협동조합이 그중 하나였죠. 이 조합은 유럽에 수출해도 손색없는 제품을 만들 수준의 설비를 보유했다고 하니, 그 실력이 얼마나 대단한지는 길게 설명하지 않아도 될 것 같아요.

제가 방문했을 때는 마침 카카오 가공 공장 증축 공사를 마치고 성대한 축하연 자리가 펼쳐졌어요. 우연히 저희 일행의 방문 일자와 맞아서 손님 대접을 잘 받았지요. 네팔 농부들이 순박한 산골의 할아버지들이라면, 이들은 좋은 카카오에 대한 열정이 가득한 순수한 사업가 같은 느낌이었어요.

저는 축하연에서 선보일 적당한 선물을 미처 준비하지 못해서 조합 게스트하우스에서 한국 요리를 준비해 선보이기로 했어요. 김밥을 말고 김치를 만들었는데, 우리 쌀처럼 찰기가 없어 김밥이 말리지가 않아, 나중에는 달걀옷을 입혀 부치는 등 온갖 소란을 피웠어요. 다행히 페루의 친구들이 맛있게 먹어 주어서 축하연은 점점 흥겨워졌답니다. 세계 여러 나라를 돌아다니며 많은 농부를 만나 보았지만, 이날 공장 앞마당에서 늦도록 춤추고 노래하던 사람들의 모습은 오래 기억에 남았지요. 초콜릿 공장을 가진 카카오 농부라는 자부심이 이들의 마음에 있기 때문일 겁니다.

이런 흥겨움이 전 세계 모든 카카오 농부의 것이 되어야 하는데, 아직까지 많은 카카오 생산자들의 처지가 이렇지는 못하니 참 안타까운 일이에요.

공정무역 초콜릿인지 확인해 봐요

초콜릿을 싫어하는 사람은 아마 세상에 없을 거예요. 청소년에게도 맛있는 간식일 뿐만 아니라, 공부하다 지쳤을 때 따뜻한 초콜릿 음료 한 잔이 얼마나 위안인지요. 게다가 최근 들어 초콜릿이 건강에 좋다는 사실이 과학적으로 입증되면서 인기가 점점 높아지고 있으니까요.

　누구나 한 번쯤은 먹는 초콜릿, 내 나이 또래의 친구들이 눈물로 기른 초콜릿은 아니어야 하지 않을까요? 전 세계 5천만 카카오 농부 중 공정무역의 혜택을 보는 농부는 아직도 12만 명 내외에 불과하답니다.

공정무역 초콜릿을 선택할 수 없다면, 윤리적으로 어린이 노예노동 없이 만든 제품임을 확신할 수 없다면, 여러분은 그런 초콜릿은 먹지 말아 주세요. 여러분이 쉽게 선택하는 불공정 무역 초콜릿이 지구 반대편의 여러분 친구들에게 노예 같은, 아니 노예의 삶을 강요하고 있으니까요.

콕, 짚고 넘어가요!

체인지유어초콜릿 캠페인에 함께해요

하킨-엥겔 의정서를 아시나요? 2001년에 미국, 코트디부아르, 가나 정부와 초콜릿을 만드는 기업들이 카카오를 생산하는 과정에서 아동노동을 70%까지 없애겠다고 한 약속을 말합니다. 그러나 미국, 코트디부아르, 가나 정부와 초콜릿 기업들은 이 약속을 지키지 않고 계속 미루다가 2025년까지 연기했어요. 아름다운커피는 초콜릿 기업에게 아동노동을 없애겠다는 약속을 지금 지키라고 요구하는 '체인지유어초콜릿' 캠페인을 시작했고, 지금까지 참여한 시민은 43,000명이 넘어요. 혼자는 어렵지만 여럿이면 바꿀 수 있어요. SNS에서 '#체인지유어초콜릿'을 검색해 보세요.

검은 황금, 커피

세계인의 사랑을 받는 커피

커피는 석유, 담배 등과 더불어 세계적으로 교역이 가장 활발한 품목 중 하나예요. 인류가 커피를 처음 마시기 시작한 것은 6세기 아프리카의 에티오피아에서였어요. 커피는 일찍이 수도승의 정신을 맑게 해 주는 음료로 소문이 나 이슬람 문화권에서 크게 유행했어요. 그 뒤 튀르키예를 거쳐 유럽으로 전해졌지요.

커피에 흠뻑 빠진 유럽인들은 16세기부터 17세기 라틴아메리카, 아시아 등지의 식민지에 커피나무를 재배하기 시작해, 1850년대에 이르면 중앙아메리카와 브라질에서 막대한 커피를 생산할 수 있게 됐어요.

유럽에서 커피는 르네상스 시대 이후 크게 유행하게 돼요. 변화와 혁명을 갈망하는 지식인이라면 누구나 커피를 즐겨 마셨지요. 식민지에서 커피를 대량으로 들어오게 된 산업혁명 시대에는 지친 몸을 달래는 노동자의 음료로 사랑 받았고요.

1, 2차 세계대전에서는 군인들의 원기를 북돋는 중요한 군수 품목이었고, 양측은 서로의 사기를 꺾기 위해 커피 수출입을 방해하기도 했을 정도였어요.

커피 농장의 안타까운 현실

냉전 시대에 이르러서는 미국이 주도한 '세계커피협정'을 통해 중남미의 커피 가격이 떨어지지 않도록 무척이나 애를 쓰기도 했어요. 왜냐하면 미국과 가까이에 있는 주요 커피 생산국인 중남미 국가들이 경제가 어려워져서 소련과 협력하는 것을 원하지 않았기 때문이죠. 그래서 미국은 중남미 커피를 비싸게 사 주어 그 나라들이 공산주의로 넘어가는 것을 막으려 했던 거예요.

미국의 커피 회사들은 커피 가격이 비싸다며 커피협정에 항의하고 생산국 정부에도 항의했지만, 이 커피협정은 미국 정부의 주도로 잘 지켜졌고 중남미 국가들의 농민들도 비교적 안정적인 생활을 할 수 있었어요.

그러나 1989년 소비에트연방의 붕괴와 더불어 중남미의 공산화를 걱정하지 않아도 되는 미국은 곧, 커피협정에서 탈퇴하고 말아요. 중남미 경제의 버팀목이던 커피 가격은 곤두박질쳤죠.

커피 기업들은 커피 농부의 피눈물로 생산한 값싼 커피 원재료를 구매해 소비자들에게 비싸게 팔기 시작했어요. 소비자들은 이 커피를 즐기면서도, 사실은 그 커피를 기르는 사람들이 끼니도 제대로 해결하지 못한다는 사실을 알지 못했어요. 기르는 생산자와 마시는 소비자의 거리가 너무나 멀었기 때문이에요.

"커피가 수익을 내지 못하면, 다른 대체 작물을 심으면 되지 않을까요?" 우리는 쉬운 해결책을 떠올리게 돼요. 그런데 생산지에서는 커피 가격이 떨어지면 오히려 커피나무를 더 심어 수확량을 늘리려는 경향이 있어요. 농부가 1년에 꼭 필요한 수입이 있는데 값이 떨어져 그 수입을 벌지 못한다면, 농부는 커피 생산을 늘려 그만큼의 돈을 마저 벌어야 하기 때문이에요.

조상 대대로 커피를 길러 왔던 농부들에게 갑자기 다른 작물을 기르라고 하기가 쉽지 않아요. 먼저, 다른 작물을 기르려면 지식과 기술이 필요해요. 커피 키우던 사람이 어느 날 갑자기 카카오를 키울 수 없다는 뜻이에요. 게다가 돈도 많이 들기 때문에 기업이나 정부의 지원이 없다면 불가능한 일이지요. 또한 보통의 작물을 심어서 제대로 된 상품을 수확하기까지 3년에서 5년의 세월이 걸리는데, 그러면 이 기간에 농부는 무엇을 먹고 살아야 할까요? 그래서 커피를 기르던 농부에게 다른 작물을 기르라고 하는 것은 매우 어려운 일이랍니다.

공정무역 커피의 등장

공정무역 활동가들은 이 상황을 어떻게 헤쳐 나갔을까요?

1990년대 중반, 세계 커피 시장가격이 1파운드당 0.5달러로 폭락한 상황에서도 공정무역은 공정무역 최저 가격을 보장해 1파운드당 1.26달러를 지불했어요. 공정무역으로 충분한 보상을 받은 농부들은 커피 품질을 더 높일 수 있었어요.

공정무역 활동가들은 니카라과 커피 농부들에게 특별한 교육도 진행했어요. 커피의 맛을 보고 커피의 등급을 구분하는 방법을 가르쳐 준 것이지요. 가난한 커피 농부들이 커피 맛을 감별해 품질 등급을 알 수 있다면 자신의 밭에서 나는 커피의 품질을 잘 알 수 있고, 그러면 품질을 어떻게 하면 좋게 할지 고민하지 않겠어요?

그렇게 해서 생산된 커피의 품질이 좋아진다면 그 농부는 더 많은 값을 받을 수 있겠지요. 공정무역은 바로 그러한 일을 진행하고 있답니다.

착한 소비란 '얼굴 있는 거래'

세계적으로 좋은 품질의 커피를 찾는 소비자가 늘면서 커피 생산지에서도 작은 변화가 일어났어요. 좋은 커피를 찾는 구매자들이 생산지에 직접 방문해 커피 맛도 보고, 커피를 기르는 사람들과 직접 대화하며 커피를 구매하기 시작한 거예요. 얼굴을 보며 거래를 하니 농부들이 처한 문제를 누구보다 잘 알 수 있게 되었고, 당연히 공정무역 활동가들과도 말이 통하고 뜻이 맞게 되었죠.

이러한 변화는 '좋은 품질의 커피를 공정한 가격에 구입'하는 것이 결국 더 좋은 품질의 커피를 얻을 수 있다는 생각에서 출발한 거예요. 그러자 미국 같은 나라에서는 커피 광고의 내용도 바뀌었어요. 얼마 전까지만 해

도 미국도 우리나라에서처럼 원빈 아저씨 같은 멋진 배우들이 나와 커피 광고를 했어요. 그러나 요즈음은 검게 그을린 커피 농부들이 정직하게 땀 흘리는 얼굴이 광고에 등장하죠. 심지어 커피 포장지에 사진을 싣기도 한답니다. 그리고 그 속에 이들 농부가 얼마나 커피의 품질 향상을 위해 애쓰는지 홍보했어요. 커피를 찾는 사람들에겐 '아, 이 커피가 그래서 맛있는 거로구나.' 하는 믿음을 주게 된 것이죠.

공정무역을 "얼굴 있는 거래"라고 합니다. 우리는 아는 사람에게 물건을 살 때 무조건 싸게만 사려 하지 않아요. 그 사람이 처한 조건도 고려해 주고, 어려움이 있으면 함께 짐을 나누기도 한다는 뜻이에요. 지리적으로 멀리 떨어져 있지만, 우리가 매일 즐기는 커피를 기르는 사람들, 그들의 얼굴을 떠올리며 감사하게 커피를 마시는 것, 사람과 사람 사이의 아름다운 관계를 회복해 나가는 것, 이것이 커피를 통해 찾아가는 공정무역의 얼굴입니다.

평화로운 땅을 지옥으로 만든 설탕

설탕에 한이 맺힌 유럽인

커피 전문점에 가 보면 조금씩 포장된 설탕을 통에 넣어 놓고 아무나 가져갈 수 있게 해 놓았죠? 아마도 13세기 유럽 사람들이 이 광경을 봤다면 기절했을지도 모릅니다. 그때까지만 해도 유럽에서 제일 귀했던 것 중에 하나가 바로 설탕이었거든요.

유럽 사람이 설탕을 처음 본 것은 기원전 4세기경이었어요. 알렉산더 대왕이 멀리 인도까지 진출했을 때의 일이죠. 부하 장수 하나가 단맛이 나는 하얀 돌멩이를 보고 "동방 사람들은 돌에서 꿀을 얻는다."고 써 놓은 기록이 남아 있어요.

애석하게도 그 뒤로 11세기 십자군전쟁이 일어나기 이전까지 유럽 사람들은 설탕을 전혀 보지 못하고 살았어요. 왜냐하면 유럽엔 사탕수수가 없었거든요. 인도는 아주 오래전에 사탕수수에서 설탕을 정제해 먹었지만 다른 곳에서는 이 사실을 전혀 알지 못했어요.

십자군전쟁으로 동방무역이 활발해지면서 비로소 설탕이 유럽에 알려지기 시작해요. 그런데 그때 아주 끔찍한 일이 일어났죠. 바로 흑사병(페스트)이 창궐해 유럽 인구의 3분의 1이 이 병으로 죽은 거예요. 물에 빠지면 지푸라기라도 잡고 싶은 심정이듯이, 유럽인에게 설탕이 흑사병의 특효약으로 알려졌어요. 설탕을 먹으면 갑자기 기운이 살아나거든요. 그러니 병이 낫는다고 생각했죠.

그런데 귀해도 너무 귀해서 돈을 아무리 주어도 구할 수가 없었어요. 그때의 경험 때문에 유럽 사람들의 설탕 사랑은 점점 커 갔어요. 그리고 이러한 현상은 아메리카 대륙에 식민지를 만들어 사탕수수 농사를 짓기 시작한 17세기까지 이어집니다.

설탕의 재료는 사탕수수

설탕의 원재료는 '사탕수수'예요. 우리나라에도 비슷한 작물로 수수나 옥수수가 많은데, 모양새는 서로 비슷해요. 사탕수수 농장을 가 보면, 아주 광활하고 붉은 대지에 나란히 선 사탕수수가 바람이 불 때마다 '솨아'

소리를 내며 흔들려요. 바람이 불 때는 그 붉은 흙도 함께 날려서 길섶의 풀잎에도 빨갛게 내려앉아요. 온통 붉은색뿐이에요.

그 밭 옆으로 누런 황소들이 사탕수수가 가득 실린 수레를 끌어 사탕수수 가공 공장으로 옮기지요. 우마차가 이송 수단인 시골 마을에 축구장 크기만 한 초현대식 사탕수수 가공 공장은 이상하게도 서로 잘 어울린답니다.

그런데 설탕을 만들 정도로 사탕수수를 키우려면 엄청나게 큰 땅이 필요해요. 그것도 아무 데서나 자라지는 않지요.

가난한 나라에서 만들어 부자 나라에서 먹어요

사탕수수는 아시아의 열대 지역이 원산지로 알려졌어요.

세계적으로는 연간 1억 6천만 톤의 설탕이 수많은 나라의 소농장과 대농장(플랜테이션)*에서 생산되는데, 이중 최대 생산지는 브라질(22%)이지요. 인도(15%)가 뒤를 잇고, 놀랍게도 선진국인 유럽연합(10%)이 3위의 생산지예요. 유럽연합에서 만드는 설탕은 사탕수수가 아닌 사탕무에서 추출해요.

▪ 플랜테이션
한 종류의 작물만을 거대한 규모의 토지에서 재배하는 대농장을 말해요. 주로 수출을 목적으로 농사를 짓는 기업형 농장이랍니다. 식민지 시대에 아메리카 대륙과 아시아에 유럽인이 세운 게 유래가 되어 지금까지도 이어지고 있죠. 불과 150년 전까지만 해도 이들 대농장에선 노예 노동이 성행했답니다.

커피나 초콜릿과 같은 작물은 생산지에서 소비되지 않고 거의 다 수출이 돼요. 설탕은 생산국에서 약 70%가 소비되고, 그 나머지 물량이 국제시장에서 거래되고 있어요.

요즘은 선진국의 생활수준이 높아지면서 건강과 비만에 대한 염려로 설탕의 소비가 계속 줄고 있기는 합니다. 그 덕에 여러분도 설탕 많이 먹지 말라는 소리를 자주 듣지요? 그러나 아직 저개발 국가에서는 인구가 늘고 식습관이 서구화되면서 설탕 소비가 늘어나고 있어요.

2011년 설탕의 국제 교역액은 총 470억 달러였어요. 이 중에서 저개발 국가에서 세계시장으로 수출한 금액이 약 335억 달러예요. 이는 사탕무를 길러 설탕을 수출하는 선진국보다는 경제가 어려운 나라들이 사탕수수에 의존하는 비중이 훨씬 크다는 것을 말해 주고 있어요.

쿠바는 나라 전체 수출액의 70%가 설탕이고, 벨리즈는 40%가 사탕수수에 의존해요. 피지는 전체 인구 노동력의 25%가, 스와질란드는 근로자의 15%가 설탕 산업에 종사하고 있어요.

이렇듯 어려운 사람들의 생계와 직접 연결된 설탕 산업이 제대로 돌아간다면 빈곤 문제도 쉽게 해결이 될 텐데요. 안타깝게도 세계 설탕 산업은 약자의 편에서 돌아가지 않는 것 같아요.

사탕수수 농부들이 처한 어려움은 무엇일까요?

오르락내리락하는 가격이 농부를 울려요

　설탕의 국제시장은 기본적으로 잉여 농산물을 거래하는 시장이에요. 자국의 내수 시장에서 사용할 물량을 먼저 확보한 후, 남는 것이 있으면 수출 시장에 내놓게 되지요. 만약 세계 1위, 2위 설탕 수출국인 브라질이나 인도에서 사탕수수 농사가 잘 안되기라도 하면, 그 나라들은 즉시 수출을 통제해 자국민이 먹을 설탕부터 확보합니다. 당연히 세계시장에서 가격이 올라가겠지요. 그러다 풍년이라도 들면 또 엄청난 물량이 시장에 풀리면서 가격이 떨어져요. 사탕무로 설탕을 만드는 유럽연합 국가들은 설탕 가격이 폭락하면 농민들에게 보조금이나 대출 혜택이라도 줄 수 있어요. 그러나 사탕수수에 경제를 의존해야 하는 가난한 나라에서 이런 상황은 거의 재앙에 가까운 일이에요.

　국제 설탕 시장이 불규칙한 이유는 자연환경의 변화에 따른 부분도 있지만, 유럽연합과 선진국들이 자국의 설탕 산업을 보호하기 위해 시행하는 보조금 제도가 낳은 결과이기도 해요. 선진국 시장은 여기에 높은 관세 장벽까지 만들어, 다시 한번 가난한 나라의 생산자들이 선진국의 시장에 진입하는 것을 막습니다.

　그러면서 보조금으로 과잉 생산된 자국의 설탕을 저개발 국가가 제시하는 것보다 훨씬 싼 가격으로 세계시장에 공급해요. 가난한 나라의 설탕은 정말 팔 곳이 없게 되죠. 선진국은 왜 자신들이 그토록 주장하는 자유무역의 정신에도 어긋나는 일을 저지르는 걸까요.

땅을 빼앗는 사람들

2008년과 2009년 전 세계적으로 식량 위기가 있었어요. 이 위기를 분석한 학자들은 '식량을 식량으로 사용하지 않고, 다른 용도로 썼기 때문'에 생긴 일이라고 해요. 옥수수를 가축의 사료로 쓰거나, 아니면 사탕수수에서 추출한 에탄올을 에너지로 사용한 것이죠.

친환경적인 아그로 퓨엘(Agro Fuel)*이 인기를 끌자 많은 사람이 에탄올에 관심을 보이면서 사탕수수 경작지를 마구 늘렸어요. 그러면 농부들이 일할 땅이 늘어나니 이익을 보지 않겠느냐고요? 아닙니다. 에탄올 산업에 가담한 거대 기업들은 힘없는 나라의 정부와 불평등한 조약을 맺고, 오랜 기간 그 나라의 땅을 거의 무상으로 사용해요. 예를 들어 얼마를 줄 테니 우리나라의 강원도 전체를 50년간 사용하겠다는 식이에요. 그러고는 강원도의 모든 밭에 사탕수수를 심은 후, 노동력이 싼 나라에서 노동자들을 많이 데려옵니다. 그러면 그 땅에서 나는 사탕수수는 다 그 기업에서 가져가는 거예요. 생각만 해도 말도 안 되는 일이지만, 힘

아그로 퓨엘
농업 생산물을 가공하는 과정에서 얻을 수 있는 천연 에너지. 화석연료인 석유보다 친환경적이고 재생산할 수 있다는 장점 때문에 신에너지로 주목을 받고 있어요. 그러나 식량이 되어야 할 농업 생산물을 에너지로 만드는 것이 과연 옳은가 하는 문제점도 있답니다.

이 없고 가난한 나라에선 그 돈이라도 받으려고 그렇게 땅을 빌려준답니다.

'땅 빼앗기(land grabbing)'라고 불리는 이런 행위는 국제적인 갈등을 일으키며 가난한 사람들을 삶의 터전에서 내몰고 그 나라의 식량 주권을 위협하고 있어요.

공정무역이 정말로 필요해요

공정무역은 이런 상황에서 사탕수수 농민에게 어떻게 도움을 줄 수 있을까요?

먼저 공정무역은 사탕수수 재배 농가들이 자신들의 단체를 만들 수 있도록 도와줘요. 이 단체를 통해 나름의 비즈니스 기술을 확보하고, 구매자를 발굴해 동반 관계를 이어 가야 하지요. 이 중에서도 꼭 필요한 기술은 지역의 제분업자와 협력 관계를 만들어 내는 거예요. 제분 공장을 거치지 않고 사탕수수를 수출할 수는 없기 때문이에요. 사탕수수는 원당이라 불리는 설탕 덩어리로 가공해야 비로소 수출할 수 있어요. 커피나 카카오는 과육만 벗기고 말리기만 해도 수출 시장에 내다 팔 수 있지만, 사탕수수는 그 자체로 소비자에게 팔기가 어려워요.

그래서 제분업자와의 협상을 통해 사탕수수 생산비를 보존할 수 있을 만큼의 수매 단가를 협상하고, 이후 공정무역 구매자와 다시 한번 협상해 수출 가격을 결정해요.

대부분의 사탕수수 원당은 가격이 불안정하고, 저가로 형성된 자국의 시장에서 팔려요. 그래서 생산자들은 품질을 개선해 수익이 나은 세계시장에 진출하고 싶지만, 자유무역 시장의 복잡하고 정교한 규범 때문에 협상력을 가지기가 어려워요.

그러나 제분업자와의 협력을 통해 공정무역 시장에 진출할 수 있다면, 생산비에 대한 보존은 물론이거니와 공동체 발전 기금을 통해 사탕수수의 품질과 생산성 향상에 투자할 수 있는 여력을 얻을 수 있어요. 이는 지속 가능한 발전으로 나아가는 첫걸음입니다.

2015년을 기준으로 19개국에 99개의 공정무역 사탕수수 생산자 조합이 조직되어 있어요. 이들은 모리셔스, 파라과이, 벨리즈, 에콰도르, 피지 등 가난하고 사탕수수에 많은 것을 의존해야만 하는 나라에서 각각 활동하고 있어요.

생산자에게 더 큰 혜택이 돌아가려면 지금보다 공정무역 설탕 시장이 더 커져야 해요. 집집마다 공정무역 설탕을 쓰는 것도 정말 중요합니다만, 설탕이 각종 제품의 중요한 재료임을 생각해 본다면, 빵, 비스킷, 잼, 아이스크림, 초콜릿, 심지어 화장품까지, 기업들이 공정무역 설탕을 사용하도록 우리가 노력해야 해요. 기업이 이런 경제활동에 참여할 수 있도록 소비자가 독려하는 적극적인 캠페인 활동이야말로, 생산자들을 위한 매우 중요한 역할이라고 할 수 있어요.

맛있는 바나나에 어린 땀방울

기적의 올림픽

2012년 런던 올림픽을 기억하세요? 모든 올림픽이 각본 없는 감동의 드라마라고 하지만, 런던 올림픽이 더 감동적이었던 건 '특별하게 준비된 각본'이 하나 있었기 때문이에요. 일찍이 공정무역 도시임을 선언한 런던 시는 올림픽 조직위원회를 통해 "공정무역 올림픽"을 치르겠다고 발표하고 준비된 각본을 실행시켜 나갔어요.

조직위원회는 "선수와 대회 관계자들에게 1천400만 잔의 커피, 750만 잔의 홍차, 1천만 개의 바나나 등을 공정무역을 통해 공급합니다. 여기서 발생하는 공정무역 기금만 해도 1억 8천만 달러에 달합니다."라고 발표했지요. 6주간의 대회 기간에 다양한 공정무역 제품이 각 나라 대표 선수들에게 제공되었고 유럽과 세계인들은 영국의 공정무역 실천 활동에 깊은 인상을 받았어요.

특별히 이때 소비된 1천만 개의 바나나는 윈드워드 제도에서 온 것들이에요. 오랫동안 바나나 가격 전쟁에 내몰렸던 윈드워드 농부들은 세계 최고의 대회에서, 최고의 선수들이 먹는, 최고의 바나나를 자신들의 손으로 키웠다는 데 큰 자부심을 가졌다고 해요.

유통이 더 어려운 바나나

공정무역으로 거래되는 농산물들은 몇 가지 특징이 있어요. 그것은 공장에서 가공하면 부가가치를 더 창출할 수 있고, 가공했기 때문에 저장과 보관이 쉽다는 점이에요. 앞에서 이야기한 커피, 카카오, 설탕 등이 그렇답니다.

바나나도 물론 수출할 수 있어요. 그러나 앞의 농작물보다 특별한 환경이 필요해요. 수확과 동시에 수출 컨테이너에 실어야 하고, 바닷길을 건너는 동안 너무 익지 말라고 약품 처리도 해야 합니다. 그리고 수입하는 나라에 도착해서는 냉장 시설이 잘되어 있는 창고에 보관해야 하며, 유통할 수 있는 상점으로 곧바로 가야 해요. 항구에 도착했는데 유통할 수 있는 마트를 찾지 못한다면, 이 바나나를 제값 받고 팔 방법은 아마도 없을 거예요.

커피, 카카오, 설탕 등은 수입업자들이 자기 창고에 보관해 두고 팔 수 있는 유통점들을 찾아 그때그때 팔 수도 있지만, 바나나는 생과일이기 때문에 그럴 수가 없어요. 이런 경우 절대적인 힘의 우위는 대형 할인점과 대형 유통 업체가 갖게 됩니다. 따라서 이런 품목들을 공정무역으로 추진하기 위해서는 대형 유통 업체와 협력하는 것이 매우 중요하겠지요?

대기업을 바꾼 소비자의 힘

유럽이나 영국의 공정무역 활동가들은 대형 유통 회사에 이메일이나 편지를 꾸준히 보내요. "공정무역 제품을 취급해라." "공정무역 제품에 대한 정책을 밝혀라." 이런 내용이에요. 정말로 "소비자가 왕"인 것이, 이런 요청에 대형 유통 회사가 모른 척할 수 없다는 거예요.

이런 활동 덕에 영국의 대형 유통점인 세인즈베리(Sainsbury's)는 2006년, 자신들이 유통하는 바나나 전량을 2006년 7월부터 1년 안에 모두 공정무역 바나나로 바꾼다는 계획을 발표했어요.

당시 세인즈베리는 영국 전체에서 한 주에 12만 상자의 바나나를 판매하고 있었어요. 이것을 다 공정무역 바나나로 바꾸려면 12만 상자의 공정무역 바나나를 어디선가 구해 와야 한다는 뜻이에요. 특히 대형 유통점은 공정무역 인증 마크가 붙어야만 소비자들이 공정무역으로 인식하므로, 이 물량을 채우기 위해서는 카리브 해 전체의 바나나 농장이 모두 인증을 확보해야 가능한 일이었어요.

세인즈베리와 공정무역 바나나 무역 업체들은 카리브 해와 남미 전체에서 농민 협동조합을 찾았고, 그 조합이 인증 마크를 획득할 수 있도록 재정적인 지원을 병행했어요. 물량을 안정적으로 공급하기 위해 선박 회사와 협의해 새로운 항로를 신설하기도 했어요. 정말 대단하지요?

마침내 세인즈베리는 바나나 전량을 공정무역 제품으로 바꿀 수 있었고, 다행히 시장 점유율도 올라갔다고 해요. 이후 영국의 다른 대형 상점들도 공정무역 바나나만을 취급하기로 했다니, 한 기업의 도전이 얼마나 큰 영감을 줬는지 짐작이 가지요?

그러나 영국에서 가장 큰 바나나 판매 업체 두 곳은 아직도 전체 수입 물량 중 10% 정도만 공정무역으로 거래한다고 해요. 2014년에도 시민들이 14만 2천 개의 엽서를 이 회사들에 보냈지만, 여전히 꿈적하지 않고 있다고 합니다.

공정무역 여고생 언니

우리나라의 유통점들은 어떤가요? 많은 공정무역 지지자들이 더 많은 곳에서 공정무역 제품을 만나고 싶다고 말씀하세요. 그러나 안타깝게도 이런 바람은 공정무역 단체에 있는 사람들만의 노력으로 실현되지 않아요. 소비자가 나서서, 행동할 때, 더 많은 생산자가 혜택을 받고 인간적인 삶을 회복할 수 있어요.

 몇 년 전 학교 수업 시간에 공정무역을 접한 광주의 한 여고생의 이야기입니다. 이 여고생은 소비자 운동의 중요성을 느끼고, 인근의 큰 대형 할

인 매장을 설득하기 위해 전화를 했어요. 소녀는 왜 대형 할인 매장에서 공정무역 커피와 초콜릿을 살 수 없는지 항의했어요. 이 소녀의 당돌한 요청에 매장 담당자가 당황했는지 제가 일하는 단체로 전화를 걸어 공정무역이 무엇인지, 우리 단체의 제품을 할인 매장에서도 유통할 수 있는지 조심스럽게 물었어요. 저도 최선을 다해 상담해 드렸고, 소비자가 이렇게 원

하는데 입점을 고려해 달라고 자신 있게 말할 수 있었어요. 그리고 어떤 일이 일어났을까요? 단 15일 만에 그 큰 대형 유통점에 공정무역 초콜릿이 진열되었답니다.

    소비자 한 사람 한 사람의 힘이 이렇게 크답니다. 광주의 여고생은 이후에도 '공정무역 소녀'라는 애칭으로 활동하며, 현재는 대학에 진학해 우리 사회를 더 좋은 방향으로 바꾸는 일에 관심을 두고 열심히 공부하고 있어요.

눈물로 얼룩진 하얀 황금, 면화

간디의 물레

인도의 독립 영웅, 간디가 물레를 돌리던 모습을 기억하십니까? 작고 마른 초로의 노인이 물레를 돌려 실을 잣고, 다시 이 실을 직조해 겨우 몸을 가릴 수 있는 천을 만들어요. 조금 불편하더라도 자기 땅에서 나는 것으로 직접 물건을 만들어 쓰면서 영국으로부터 당하고 있는 경제적 속박에서 벗어나, 독립을 이루자는 무언의 저항이었어요.

그도 그럴 것이 인도는 면화의 고향이랍니다. 기원전 3000년경 첫 재배가 이루어졌고, 그 흔적이 인더스 유적에서도 발견되었다고 해요. 한반도에는 문익점 선생이 1363년에 붓두껍에 숨겨 면화를 처음 들여왔다고 하는데, 인도와 비교하면 무려 4천 년의 시간 차이가 나요. 아마 이 긴 기간

동안 인도에는 면화와 관련한 많은 문화와 전통, 생활 방식들이 생겨났을 거예요. 간디가 면화를 독립운동의 한 상징으로 삼은 것도, 우리가 상상하는 것 이상으로 면화가 그들의 삶과 연관이 있고 영향을 주기 때문이 아닌가 해요.

도를 넘는 기업의 이윤 추구

수천 년 동안 인도의 면화는 '하얀 황금'이라 불리며 농민들이 살아갈 기반을 마련해 주었어요. 그러던 1997년 황금을 기르던 농민들이 '빚' 때문에 자살을 하는 일이 발생하죠. 인도의 농부들은 한결같이 주장합니다. "정부가 세계무역기구(WTO)에 가입해 보조금을 없애고, 농업시장을 개방해 미국산 종자가 들어오면서 악몽이 시작됐다."고 말이에요.

처음에 미국 기업이 소개한 종자는 단순한 개량종 씨앗이었어요. 이 씨앗을 심으면 정부 지원금은 물론, 비료와 농약을 보조 받을 수 있다고 하니 농민들은 의심 없이 선택한 거예요. 그러나 자연의 섭리는 참 신기합니다. 수천 년간 토종 종자들만 재배해 왔던 인도 땅에 외국 씨앗이 들어오자 면화에 병이 돌기 시작했어요. 농민들은 당황했고, 해결할 방법을 찾기 위해 백방으로 뛰었어요.

그때 유전자변형(GMO, Genetically Modified Organism) 작물로 유명한 미

국의 한 기업이 "우리가 개발한 종자에는 천연 살충제가 들어 있어, 병에 걸리지도 않고 수확량도 높다."고 홍보하기 시작했어요. 씨앗 가격은 네 배나 비쌌지만, 그래도 농부들은 희망을 품고 은행 대출을 받아 씨앗을 사서 다시 한번 면화 재배에 나섰어요.

그러나 결과는 참담했어요. 병충해는 멈추지 않았고 수확량은 그 이전보다도 못했어요. 더욱 끔찍했던 것은 면화가 제 씨앗을 맺지 못하도록 유전자변형이 된 품종이었던 거예요. 면화를 수확해도 내년에 심을 씨앗이 없다는 거예요. 해마다 씨앗을 팔려는 대기업의 속셈에 그만 속고 말았죠.

콕, 짚고 넘어가요!

유전자변형(GMO) 농산물이 왜 나쁠까요?

생명과학의 발달로 선진국에선 식물의 유전자를 쉽게 변형할 수 있게 되었죠. 병충해에 강한 옥수수, 가뭄에 강한 벼가 있다면 농사에 큰 도움이 되기 때문에 미국 같은 나라에선 이 기술이 크게 발달했어요. 그런데 큰 문제가 있어요. 유전자변형 농산물이 사람의 몸에 완전하게 안전하다는 결론이 아직 나지 않은 상태예요. 유전자의 문제는 세대를 지나며 이어지기 때문에 여러분이 어른이 되었을 때, 혹은 여러분의 자식들이 자랄 때 여러 문제가 나타날 수도 있답니다. 더구나 미국 같은 나라에선 유전자변형으로 값싸게 대량생산한 농산물로 세계의 농산물 시장을 장악하고, 식량을 수입해야 하는 여러 나라의 식량 안보를 위협하고 있지요.

포기할 수 없는 농부들

농민들은 이쯤에서 농사를 그만두어야 했을까요?

땅이 있고 가족이 있는 한, 농부는 농사를 포기할 수 없습니다. 올해 농사를 망쳤으니 씨앗 살 돈을 은행에서 또 빌려야만 했어요. 은행 빚은 늘어 갔고, 은행 빚을 얻을 수 없게 되면 높은 금리의 사채라도 얻어야 했어요. "올해는 꼭 하얀 황금을 수확할 수 있을 거야."라고 스스로 위안하면서요.

왜 계속 속으면서 의심하지 않았느냐고요? 미국 정부로부터 보조금을 받는 텍사스 농민들과 보조금 한 푼 없이 면화를 생산하는 인도 농부는 어차피 세계무역 시장에서 경쟁이 되질 않아요. 가난한 농부에게는 뭐라도 된다 싶으면 잡아야 하는 절박함이 있을 수밖에 없었죠.

> **인도의 카스트제도**
>
> 인도는 오랜 세월 카스트라는 계급 제도를 두고 사람을 차별했어요. 브라만(승려), 크샤트리아(왕이나 귀족), 바이샤(상인), 수드라(농민이나 천민)의 4개 카스트로 나뉘어요. 또 같은 카스트 안에서도 소수민족이나 직업에 따라 더 세밀하게 나뉘어요. 인도에서는 1947년에 이 제도를 법으로 금지했지만, 아직도 차별이 존재해요. 그것도 계급이 낮을수록 더 심하답니다.

2004년에 우리 돈으로 약 400만 원을 빌린 농부가 2006년에 갚아야 할 돈은 원금에 이자를 포함해 700만 원 정도였어요. 농부들은 온종일 뙤약볕에 얼굴이 타도록 일하면서도, 이 돈을 갚지 못해 그만 자살을 선택하고 말았어요. 인도의 면화 산지로 유명했던 한 지역에서 2005년 6월부터 1년간 470여 명이 귀한 목숨을 끊었어요. 정말 안타까운 일이었죠.

인도에는 아직도 계급 제도*가 있다는 사실을 모두 아실 거예요. 농부는 대부분 하층민이라서 농사 말고는 다른 일을 할 수 있는 것이 거의 없어요. 국민의 다수를 차지하는 농민을 외면한 정부와 미국의 다국적기업이 가장 힘없고 약한 사람들을 죽음으로 몰아넣은 셈이에요.

고된 노역으로 만든 옷 한 벌

면화를 기르는 농민들이 처한 어려움은 이것뿐만이 아니에요.

지구촌에 있는 면화 밭은 다른 모든 밭의 2.5% 정도밖에 안 되지만, 세계 화학비료의 10%를 사용하고 살충제의 25%를 사용할 정도로 약품 사용이 많아요. 그것뿐만이 아니에요. 수확 시기에는 고엽제를 써 잎을 말려 죽이죠. 그래야 기계로 면화 송이를 쉽게 수확할 수 있기 때문이에요.

수확한 면화를 하얗게 만들려면 표백제를 써야 하고, 면화로 짠 천을 부드럽게 만들려면 정련제를 사용하기도 해요. 색깔을 내기 위한 염색제 등 면화의 재배에서부터 한 장의 티셔츠가 되기까지 사용되는 유해 화학 물질은 이루 다 셀 수가 없어요. 이 과정에서 유해 물질에 노출된 농부들과 노동자들의 건강 상태도 말이 아니에요.

면화 종자부터 패션 산업까지, 하나의 연결고리로 이어진 "면화 산업"에 종사하는 가난한 나라의 농부들은 하루하루가 어렵고 힘들어요. 면화 농사를 포기하고 도시로 나간다 하더라도, 이 면화에서 뽑은 실로 천을 만들고 옷을 만드는 봉제 공장에 다녀야 하죠. 온몸을 바쳐 다국적 대기업 상표가 붙은 바지와 셔츠를 만들지만, 월급을 다 모아도 그 옷 한 벌 살 수가 없어요. 임금이 너무나 낮기 때문이에요.

라나플라자의 참사

2013년 4월, 방글라데시에서 일어난 라나플라자 붕괴 사고는 봉제 공장 노동자의 비참한 최후를 보여 주는 사건이에요. 봉제 공장이 밀집된 건물이 위험에 처한 것을 알면서도 관리자들은 대피령도 내리지 않은 채, 재봉틀을 계속 돌리라고 다그쳤어요. 더 많은 이윤을 내려는 탐욕이 참사를 불러온 것이죠.

단 한 번의 붕괴로 1,129명이 목숨을 잃은 이 사고는 전 세계에 큰 충격을 던졌어요. 이 공장에서 생산된 의류들이 고가의 사치품도 아닌 그냥 평범한 사람들이 즐겨 입는 중저가 상표였기 때문이에요.

지금 이 시간에도 수많은 저개발 국가 여성들은 하루에 470원을 받으며 온종일 재봉틀 앞에 앉아 선진국 사람들이 입을 중저가의 옷을 만들고 있어요.

팔을 걷어붙인 엠마 왓슨

공정무역이 이런 문제에도 관여할 수 있을까요? 농부들과 노동자들에게 힘이 될 수 있을까요?

면화에 대한 공정무역 인증 기준은 2004년이 되어서야 만들 수 있었어요. 생산부터 직조되는 전 과정을 추적해 공정무역 기준에 맞는지 알아보기가 굉장히 어려워 다른 작물보다 시간이 더 걸렸어요. 드디어 2005년 11월 인도, 말리, 카메룬 등지에서 50여 개 생산자 단체는 목화실(cotton threads)에 대해 공정무역 인증을 받게 됩니다. 이어서 이 목화실을 이용해 공정무역 의류를 만드는 기업들도 판매에 탄력을 받게 되지요. 영국에서 큰 성공을 거두었고, 유럽의 다른 나라에도 공정무역 의류만 취급하는 가게가 생겼을 정도로 소비자의 호응도 좋았어요. 한국에서도 공정무역 의

콕, 짚고 넘어가요!

공정무역은 생각보다 가까이에 있어요

우리나라에도 많은 공정무역 단체들이 활동하고 있어요. 먼저 (재)아름다운커피, (주)페어트레이드코리아, (주)피스커피, (사)행복한나눔, (사)한국공정무역연합, (주)APNet 등에서 공정무역 제품 판매 및 홍보 활동들을 펼쳐 나가고 있지요. 생활협동조합들도 생산자와 직거래를 추진하거나 생활재를 다룸으로써 공정무역에 대한 참여의 폭을 점점 넓혀 가고 있어요. 대표적으로 아이쿱생협, 두레생협, 행복중심생협 등이 함께 하고 있답니다. 또한 (주)아시아공정무역네트워크, 얼굴있는거래, 어스맨 등의 신생 단체들도 발 빠른 행보로 꾸준한 성장을 거듭하고 있어요.

공정무역 단체들은 2012년엔 '한국공정무역단체협의회'를 창립했어요. 협의회를 통해 회원 단체들이 공동의 목소리를 내며, 학교, 지방자치단체, 종교 기관 등에서 공정무역

류를 수입하는 곳이 생겨났고요.

영화 〈해리포터〉 시리즈의 여주인공인 엠마 왓슨은 공정무역 홍보 대사로 나서, 공정무역 면화로 만든 옷을 입고 직접 면화 재배지를 찾아가 여성 노동자들과 함께 재봉틀을 돌리기도 했어요. 그녀는 공정무역이 주는 혜택이 생산자에게 얼마나 소중한 일인지, 소비자들의 참여가 얼마나 큰 변화를 불러오는지 세상에 알려 주었죠.

활동에 참여할 수 있도록 돕고 있어요. 그리고 매해 5월 둘째 주 토요일 '세계공정무역의 날'을 포함, 여러 교육, 홍보 활동을 통해 공정무역을 대중화하는 일에도 힘쓰고 있고요.
현재 서울특별시와 경기도, 인천광역시, 성북구 등이 '공정무역 자치구'를 내걸고 공정무역 활동을 벌이고 있답니다. 서대문구, 양천구, 은평구 등도 공정무역 단체와 협력의 폭을 넓혀 나가며, 공정무역 홍보와 제품의 전시와 판매도 지원하고 있지요.
중고등학교에서도 공정무역에 관심이 많아서, 공정무역 단체를 초청해 각종 교육 프로그램도 진행하고 있어요. 그리고 저개발 국가 현지의 생산자 협동조합 등을 방문하는 프로그램도 개발되어, 누구나 공정무역의 중요성을 몸소 체험할 수도 있답니다.

아껴 쓰고 아껴 입는 것도 중요해요

공정무역에 참여한 생산자들은 확실히 안정적인 생활을 할 수 있어요. 유기농 면화 재배를 권장하는 그룹들은 공정무역과 협력해 면화 농민들에게 새로운 경작법을 도입할 수 있도록 도왔어요. 그러자 화학비료와 농약 사용은 줄어들었고 땅과 지하수가 깨끗해지면서 농부의 건강도 좋아졌어요.

그러나 공정무역이 면화 산업에서 확고한 기반을 갖기 위해서는 넘어야 할 산들이 많아요. 면화는 면화 그 자체로 소비자에게 팔 수 없고, 반드시 옷의 형태가 되어야만 해요. 그러나 패션과 섬유 시장은 공정무역을 하기에는 매우 어려운 환경으로 거래의 규모도 엄청나게 클뿐더러 경쟁도 매우 치열해요. 이 과정에서 소비자가 개입해 공정무역 면화를 사용해 옷을 만들라고 해도 그것을 들어줄 대기업은 많지 않다는 뜻이에요. 당장 다른 경쟁자들에게 뒤처진다고 생각하기 때문이에요.

아마도 시간이 걸리겠지만, 여러분이 공정무역에 관심을 보인다면 언젠가는 인도에서 면화를 재배하는 농부들의 얼굴에 웃음꽃이 필 날이 반드시 올 거예요.

공정무역 상품을 쓰는 것도 중요하지만, 아껴 입고 아껴 쓰는 습관도 매우 중요하답니다. 자연과 사람을 착취하는 산업구조는 오직 소비자의 힘으로만 바꿀 수 있으니까요.

> 착한 사회 첫걸음

공정무역으로 나눔을 실천해요!

물건 살 땐 공정무역 제품인지 확인!

1 공정무역 제품을 삽니다

부모님이 드시는 커피를 공정무역 제품으로 바꾸고, 집에서 쓰는 설탕도 공정무역 제품으로 바꿀 수 있어요. 조금만 알아보면 공정무역 제품을 파는 매장이나 인터넷 쇼핑몰이 많이 있습니다.

2 공정무역의 참뜻을 배우고 주변에 알립니다

우리나라 공정무역 단체들에는 공정무역의 필요성을 설명해 주는 강사진과 훈련된 자원봉사자들이 활동하고 있어요. 단체로 연락하면 초중고, 대학 수업 시간에 수업을 진행할 수 있는 강사들을 파견해 준답니다. 그리고 이렇게 배운 공정무역 지식을 친구들에게 알리는 일도 보람 있는 일이랍니다.

3 비영리 공정무역 단체를 후원합니다

공정무역 단체는 저개발 국가의 농부들을 도와 자립할 수 있도록 현지에서 다양한 사업을 진행해요. 또한 공정무역 교육과 홍보 활동, 정책 개발 사업 등도 활발히 펼칩니다. 이런 비영리 공정무역 단체에 후원해 보는 것은 어떨까요?

4 홍보 활동에 참여합니다

공정무역 단체들은 시기별로 다양한 홍보 활동을 진행해요. 5월 둘째 주 세계공정무역의 날이 있고, 10월 17일은 빈곤 퇴치의 날입니다. 이 시기엔 많은 행사가 열려요. 요즘 중고등학교에서는 학교 축제 때 공정무역 부스를 열어, 제품을 전시하고 체험할 기회도 마련한다고 해요. 공정무역 홍보 행사, 친구들과 함께 기획해 보세요.

APNet(Alternative People's Network for Peace and Life)
www.apnet.or.kr 02-3283-7298
커피, 초콜릿, 마스코바도 원당, 올리브오일 등

iCOOP생협연합회
www.icoop.or.kr 02-1577-6009
커피, 초콜릿, 원당, 올리브오일, 바나나 등

아름다운커피
www.beautifulcoffee.com 02-743-1004
커피, 초콜릿, 원당, 브라질넛, 캐슈넛 등

아시아공정무역네트워크
www.asiafairtrade.net 070-4465-3339
커피, 초콜릿, 건망고, 후추

(주)페어트레이드코리아
www.fairtradegru.co.kr 02-739-7934
의류, 패션 소품, 생활용품, 화장품

얼굴있는거래
www.efairtrade.co.kr 02-734-0257
커피

> 생활 속에서 만날 수 있는
> 공정무역 단체와
> 공정무역 품목들

한국YMCA 피스커피
www.peacecoffee.co.kr 02-365-7891
커피

어스맨(The earthman)
www.earthman.asia 070-8715-9893
의류, 패션 소품, 건체리 등 식품류

기아대책 행복한나눔
www.sharinghappiness.or.kr 02-2085-8243
커피

더페어스토리
www.thefairstory.com 070-4473-3370
자기, 패션 소품 등

울림
www.ullimft.com 02-739-1201
패션 소품, 생활용품, 원당